Was die Kinder spielen

Was die Kinder spielen

250 Bewegungsspiele für die Schuljugend
gesammelt und pädagogisch erläutert von

RUDOLF KISCHNICK

Verlag Freies Geistesleben Stuttgart

CIP-Kurztitelaufnahme der Deutschen Bibliothek

Kischnick, Rudolf:
Was die Kinder spielen : 250 Bewegungsspiele
für d. Schuljugend / ges. u. pädag. erl.
von Rudolf Kischnick. — 6. Aufl. — Stuttgart :
Verlag Freies Geistesleben, 1982.
ISBN 3-7725-0535-X

Einbandgestaltung: Walter Krafft
© 1960 Verlag Freies Geistesleben GmbH Stuttgart
Druck: Hain-Druck GmbH, Meisenheim/Glan
Buchbinderische Verarbeitung: Riethmüller, Stuttgart

Inhalt

Vorwort

Was sollen unsere Kinder spielen? Diese Frage bewegt heute eine große Anzahl von Menschen, aber es fehlt in vielen Fällen die Einsicht für das Notwendige, das Kindgemäße. Nicht auf Bewegung schlechthin kommt es an, sondern auf das Mitschwingen der Seele beim Spiel. Im Zeitalter der technischen Perfektion gerät das Kind allzu leicht in den Sog einer seelenlosen Motorik. Es ahmt dasjenige nach, was es draußen sieht, und verliert sich selbst dabei.

Wir müssen unsere Kinder davor bewahren, zu früh in das Getriebe des äußeren Lebens zu geraten. Das Kind muß in seiner Sphäre gehalten werden, die anders ist als die Welt der Erwachsenen, und wir sollten bestrebt sein, ihm seine Zauberwelt zu erhalten, solange es nur irgend möglich ist. Dazu gehört aber Einsicht und Verständnis. Vor allem muß verstanden werden, daß eine tiefe Beziehung besteht zwischen Spiel und kindlicher Seele.

Die vorliegende Sammlung von alten und neuen Spielen ist nicht nur als Nachschlagewerk gedacht, sondern auch als eine Art pädagogischer Leitfaden. Zu den reinen Spielbeschreibungen sind Spielbetrachtungen und Erläuterungen hinzugefügt worden. Die allgemeine Unsicherheit auf pädagogischem Gebiet ließ dies als notwendig erscheinen. Der Verfasser konnte dabei auf eine langjährige Erfahrung mit Schulkindern zurückgreifen. Die Menschenkunde Rudolf Steiners, wie sie heute auch in der Waldorfschul-Pädagogik praktisch verwirklicht wird, diente ihm als Grundlage.

Der Inhalt des Buches ist so gehalten worden, daß grundsätzlich alles darin enthalten ist, was das Kind braucht, um in gesunder Weise seinen Spieltrieb auszuleben. Auf eine Anhäufung von Stoff ist bewußt verzichtet worden, damit der Blick für das Wesentliche gewahrt bleibt. Im ganzen gesehen kam es dem Verfasser darauf an, Phantasie ins Spiel zu bringen. Damit stellt er sich allerdings in einen gewissen Widerspruch zur herrschenden Spielauffassung, die es möglichst vermeidet, gemüthafte Beziehungen in das Spiel zu bringen. Aber wer so verfährt, geht am Kinde vorbei. Besonders in der wichtigen Zeit zwischen sieben und vierzehn Jahren ist das innerliche Ergriffensein alles. Mit Leib und Seele muß das Kind dabei sein können. Um das zu bewirken, muß aber die Phantasie angeregt werden. Lustige Verse, Rede und Gegenrede, charakteristische Namen oder Spielhandlungen sind daher unerläßlich. Sie sind das eigentlich Inspirierende, ohne sie ist das Spiel reiner Automatismus.

Damit aber das Spiel in dieser Weise auf das Kind wirken kann, muß es vom Erwachsenen neu entdeckt und wieder belebt werden. Vermeidet man diesen Weg, dann besteht die Gefahr, daß kostbares Kulturgut verlorengeht und statt der heilenden Wirkung des echten Spieles die Öde seelenloser Betriebsamkeit Platz greift, welche den jungen Menschen nicht erfüllt, sondern aushöhlt. Vor dieser Gefahr stehen heute viele Kinder, es liegt an uns, sie zu bannen.

Sonne und Mond

Zwei Spieler bilden eine Brücke, indem sie sich anfassen und die Hände hoch-
halten. Die anderen ziehen im Kreis unter dieser Brücke hindurch. Alle singen
folgendes Lied:

Zie - he durch, zie - he durch, durch die gold - ne
Brük - ke, sie ist ent - zwei, sie ist ent - zwei, wir
wolln sie wie - der flik - ken, mit was denn, mit was denn, mit
Stei - ner - lein, mit Bei - ner - lein, der er - ste nicht, der
zwei - te nicht, der drit - te, der bleibt stehn.

Wer gefangen wird, muß sich abwechselnd hinter einen der beiden Brücken-
spieler stellen, von denen der eine die Sonne und der andere den Mond darstellt. Ist keiner mehr übrig, wird ein Strich gezogen, und die beiden Parteien
versuchen, die andere auf ihre Seite zu ziehen.

*Wir haben es weniger mit einem Singspiel als vielmehr mit einem Sprachgesang
zu tun, wie er in den alten Zeiten üblich war. Auch das Thema ist ein uraltes.
Sonnensöhne kämpfen gegen Mondentöchter. Solares und lunares Prinzip*

9

standen im alten Persien im Kampf. Die goldene Brücke ist das Symbol für das goldene Zeitalter. Zerbricht sie, dann fällt auch im Menschen etwas auseinander. Das Kind wiederholt noch einmal kurz die einzelnen Phasen der Weltentwicklung. Es muß erleben, daß die Brücke entzweibricht, aber es fühlt auch, daß es mit den Steinerlein und Beinerlein etwas auf sich hat, denn tatsächlich nimmt es das Element des Erdhaften in sich auf, um selbständig zu werden und seine Glieder nach eigenem Ermessen zu gebrauchen. Der Übergang vom rhythmischen Umzug zum freien Spiel kennzeichnet die Situation des Kindes nach dem Zahnwechsel.

Ist die schwarze Köchin da?

Eines der Kinder geht außen um den Kreis herum. Bei „komm mit" muß sich das am nächsten befindliche anschließen. Schließlich ist nur noch eines übrig. Um dieses gehen die Kinder alle hintereinander herum, zeigen darauf und singen:

Ist die schwarze Köchin da?
Ja, ja, ja,
Da steht sie ja, da steht sie ja,
Nur schnell, nur schnell nach Haus.

Jedes der Kinder hat sein eigenes Haus, das kann ein Stein, ein Zweig oder sonst etwas sein. Aufgabe der schwarzen Köchin ist es, die anderen zu verbrennen. Wer von ihrem Kochlöffel (ein kleines Stöckchen) berührt wird, muß in den schwarzen Topf (Kreis in der Mitte). Mehr als fünf braucht sie nicht zu fangen.

Die schwarze Köchin ist eine Gestalt, die nicht mit einbezogen wird in die lebendige Metamorphose der übrigen, die ja zunächst stehend einen Kreis bilden, dann aber einen Umzug machen. Sie ist gewissermaßen der Bodensatz einer alten Ordnung. Würde sie nicht da sein, dann käme es zu keiner Auseinandersetzung zwischen ihr und den übrigen und damit zu keinem eigentlichen Spiel. Etwas, was am Fortschritt nicht teilnimmt, stört immer die normale Entwicklung, bringt aber auf der anderen Seite Bewegung in das Geschehen. Die schwarze Köchin ist insofern eine böse Kraft, die dadurch etwas Gutes schafft, denn ohne sie würde man nicht aufgerufen, sich in der neuen Ordnung zu behaupten. Der Spruch „Dreimal muß ich rummarschieren..." hat eine orakelhafte Bedeutung, wenn man bedenkt, daß der Mensch nach dreimal sieben Jahren die dreifache Hülle seiner Wesensglieder durchbricht und zum eigentlichen Wesenskern vordringt. Der Topf ist zu vergleichen mit seiner Hüllennatur, die vom 21. Jahr an von der Direktive der Ichkraft abgelöst wird. Die Aufforderung „Das fünfte Mal komm mit" geht an jeden, der im fünften Lebensjahrsiebent steht. Wie im Spiel soll er seinem inneren Führer folgen und nicht stehenbleiben und den Fortschritt verpassen.

Ei, ei, Herr Reiter

Ei, ei, Herr Rei - ter, dein Roß will ja nicht
wei - ter! Ich glaub es wird schon mü - de sein, drum
stell es in dem Wirts-haus ein und gib ihm was zu
fres - sen dann, da - mit es wie - der lau - fen kann.
So, so, Herr Rei - ter, nun kannst du wie - der wei - ter.

2. Ei, ei, Herr Reiter, dein Roß will ja nicht weiter,
   Dein Roß, das will beschlagen sein,
   Hier ist die Schmiede, tritt nur ein,
   Das Feuer, das ist angefacht,
   Die Eisen sind bald angemacht.
   So, so, Herr Reiter, nun kannst du wieder weiter.

3. Ei, ei, Herr Reiter, dein Roß will ja nicht weiter,
   Es steht der Wächter vor dem Tor,
   Nun hole flink den Beutel vor,
   Ein Groschen wird wohl nötig sein,
   Sonst kommst du nicht ins Tor hinein.
   So, so, Herr Reiter, nun kannst du wieder weiter.

4. Ei, ei, Herr Reiter, dein Roß will ja nicht weiter,
   Nun geht es durch den dunklen Wald,
   Da kommen auch die Räuber bald,
   Das Rößlein aber trägt dich fort
   Und bringt dich an den sichren Ort.
   So, so, Herr Reiter, nun kannst du wieder weiter.

Die Kinder stehen im Kreis und fassen sich an. Während die entsprechende Strophe gesungen wird, macht der Reiter im Innern des Kreises seine Runde, dann sitzt er ab und spielt möglichst echt die Szene im Wirtshaus. Der Wirt tritt aus dem Kreis und bringt das Heu, alles wird pantomimisch dargestellt. Dann sitzt der Reiter wieder auf und es geht bis zur Schmiede, der Schmied und seine Gesellen treten vor und schlagen die Eisen an. Ebenso wird die Szene mit dem Wächter möglichst echt gespielt, und zuletzt kommen die Räuber, es sind vier, die von außen kommen und sich alle anfassen müssen. Sie versuchen, die Kette der Kreisspieler zu sprengen, dürfen sich aber nicht loslassen. Sobald sie im Kreis sind, müssen Roß und Reiter ihn verlassen und ein etwa zehn Meter entferntes Viereck (das Haus) zu erreichen versuchen. Roß und Reiter können überall den Kreis ungehindert passieren.

Der bildhafte Charakter der ersten drei Strophen mit den Umzügen und dem anschaulich-tätigen Geschehen geht in der letzten Strophe über in ein mehr dynamisch-dramatisches Geschehen. Die Räuber sind draußen, sie gehören nicht mehr zu dem, was innerhalb des Kreises als Ausdruck einer organischen Ordnung geschieht, der sich das Kind einzufügen hat. Ihr Erscheinen bringt Spannung, Furcht und Befreiung in das Spiel und bewirkt dadurch etwas wie ein seelisches Erwachen.

12

Der König vom Mohrenland

Oh, _____ habt ihr ihn ge - sehn? Oh,
habt ihr ihn ge - sehn? Den Kö - nig aus dem
Moh - ren - land, den hab ich heut ge - sehn.

Und vor mir blieb er stehn!
Und vor mir blieb er stehn!
Da bin ich aber fortgerannt,
Denn vor mir blieb er stehn.

Die Mitspielenden stehen in zwei Reihen einander gegenüber. Während der ersten Strophe gehen sie singend immer vier Schritte vor und vier Schritte zurück.

Bei der zweiten Strophe laufen die beiden ersten jeder Reihe nach vorn, geben sich die Hand, laufen zusammen zwischen den beiden Reihen bis ans Ende, geben sich dann die andere Hand, laufen zurück, trennen sich, laufen außen herum und stellen sich ans Ende. Sie müssen ihren neuen Plaz erreicht haben, ehe die anderen den zweiten Vers zu Ende gesungen haben. Dann beginnt wieder die erste Strophe mit gemeinsamem Vor- und Zurückgehen. Das Spiel ist aus, wenn alle ihren Lauf gemacht haben. Das Paar, das es nicht schafft, muß in die Mitte, während die anderen singen:

Oh, habt ihr sie gesehn?
Oh, habt ihr sie gesehn?
Die lahmen Enten Wick und Wack,
Wir haben sie gesehn.

Da tun sie beide stehn,
Da tun sie beide stehn,
Die lahmen Enten Wick und Wack,
Die können kaum noch gehn.

Dieses kleine Singspiel eignet sich besonders für Knaben. Es stellt eine sehr glückliche Verbindung zwischen dem rhythmischen Hin und Her und einer Art Wettlauf dar. Damit kommt das heraus, was gegenüber den eigentlichen Reigenspielen einen Fortschritt darstellt. Es wird ein persönlicher Einsatz gefordert, und das gehört in das zweite Jahrsiebent, während das Kind im ersten Jahrsiebent sich traumhaft-instinktiv nach einer geheimen Ordnung ausrichtet.

Ich bin die Witwe von Schamballand

Durch einige Striche wird ein Fluß angedeutet. Auf der einen Seite des Flusses wohnt die Witwe von Schamballand mit ihren sieben Töchtern, auf der anderen wohnt die schwarze Dame, ihr gehört alles Land ringsum. Das Spiel beginnt, indem die Witwe ihre sieben Töchter an die Hand nimmt, um die Reise über den Fluß zur schwarzen Dame anzutreten. Sind sie angelangt, dann beginnt folgender Dialog:

Witwe: Ich bin die Witwe von Schamballand,
Hab meine Töchter an der Hand,
Sie backen, kochen, spinnen, fegen
Und können auch das Linnen legen.
Bitte, such dir eine aus
Und nimm sie zu dir in dein Haus.

Schwarze Dame: Die Schönste, die soll bei mir sein,
Die soll zu mir ins Haus hinein.

Sie holt sich eine der Töchter und stellt sie neben sich.

Witwe: Meine Tochter laß ich hier,
1000 Taler bringt sie dir.
Tu sie nicht schubsen, tu sie nicht schlagen,
Laß sie nicht schwere Eimer tragen.

Die schwarze Dame nickt bei diesen Worten, wendet sich aber mit dem Gesicht zur Seite und spricht:

Ich will sie schubsen und will sie schlagen
Und laß sie die schwersten Eimer tragen.

Das gleiche Rede- und Antwortspiel wiederholt sich bei jeder Tochter. Endlich sind alle drüben und die Witwe ist allein. Nach einiger Zeit will sie sehen, was aus ihren Kindern geworden ist. Sie geht zur schwarzen Dame und sagt zu ihr:

Witwe:	Kann ich meine Töchter sehn?
Schwarze Dame:	Bleibe lieber draußen stehn.
Witwe:	Draußen ist das Wetter schlecht,
	Laß mich ein, das ist mein Recht.

Jetzt muß die schwarze Dame die Mutter einlassen. Diese findet ihre Töchter, welche sehr bekümmert dreinschauen. Sie blickt sie der Reihe nach an und sagt dann:

Witwe:	Lustig wart ihr, frisch und reich,
	Müde seid ihr, arm und bleich.
	So muß ich euch wiedersehn?
	Sprecht, was ist mit euch geschehn!
1. Tochter	Mutter, ich kann nichts dafür,
	Meine Locken nahm sie mir,
	Kochte eine Suppe dann,
	Bot mir keinen Bissen an.
2. Tochter:	. . . meine Ohren nahm sie mir . . .
3. Tochter:	. . . meine Nase nahm sie mir . . .
4. Tochter:	. . . meine Lippen nahm sie mir . . .
5. Tochter:	. . . meine Zunge nahm sie mir . . .
6. Tochter:	. . . meine Zähne nahm sie mir . . .
7. Tochter:	. . . meine Augen nahm sie mir . . . (oder so ähnlich)

Nachdem alle ihren Spruch gesagt haben, läuft die schwarze Dame fort und die Mutter mit ihren sieben Töchtern hinterher, um sie zu fangen und einzusperren. Nach jedem Spiel kommen andere Kinder dran oder es werden die Rollen gewechselt.

Dieses alte und früher sehr verbreitete Spiel schildert die Entwicklung des Kindes um das siebente Jahr herum. Die organisierende Wirkung der Kopfkräfte hört auf, denn was das Kind an solchen Kräften mitbringt, wird ihm von der schwarzen Dame genommen. Die Witwe ist nur eine andere Bezeichnung für die Isis oder das Urbild der menschlichen Seele. Ihre Töchter sind die sieben Seelenglieder, die, zunächst von ihr behütet, jenseits des Flusses leben. Aber eines Tages muß jeder Mensch diese Sphäre verlassen und hinüber.
Die schwarze Dame ist das Gegenbild der Witwe. Sie verkörpert den Nutzen und die Egoität. Es ist im Grunde die gleiche Figur wie die schwarze Köchin

*oder der schwarze Mann. Um weiter zu kommen in seiner Entwicklung,
braucht das Kind die Berührung mit ihr, es erwacht und gelangt zu sich selbst.
Damit die Töchter nicht verkümmern, kehrt die Witwe zurück und hilft ihnen.
Diese Begegnung ist dem Erwachen des Seelischen um das achte bis neunte Jahr
gleichzusetzen. Die Sympathie- und Wärmekräfte sind nun im Kinde, es kann
der Egoität und der seelischen Kälte wirkungsvoll begegnen. Vorher ist das
Kind noch eine Einheit, es wird von außen gelenkt, jetzt, nach der Begegnung
mit der schwarzen Dame, empfindet es eine Dualität in sich. Aus dieser seelischen Spannung erwächst zum Schluß das Spielgeschehen mit seinem dynamischen Bewegungscharakter.*

Eins, zwei, drei, wer hat den Ball?

Sechs bis zehn Spieler stehen in einer Reihe. Fünf Schritte vor ihnen steht der
Werfer mit einem Ball in der Hand und kehrt ihnen den Rücken zu. Er wirft
den Ball über seinen Kopf den anderen zu, die ihn fangen und verstecken.
Dann rufen sie: Eins, zwei, drei, wer hat den Ball? Der Werfer dreht sich
um und nennt einen Namen. War es der richtige, dann darf er bleiben, war
es der falsche, dann muß er zurück in die Reihe. Es kommt jeder einmal dran.
Wer die meisten Namen geraten hat, ist Sieger.

*Vom siebten bis neunten Lebensjahr spielen die Kinder dieses Spiel immer
wieder sehr gerne. Das Werfen über den Kopf, das Fangen und Verstecken des
Balles, vor allem aber das unschuldige Dreinblicken und forschende Ange-
schautwerden, das Bangen ob der Heimlichkeit und schließlich die Freude und
Enttäuschung auf der einen oder anderen Seite sind für das unschuldige
Kindergemüt von unerhörtem Reiz. Nicht die äußere Geschicklichkeit, sondern diese Spannungsmomente sind das pädagogisch Wertvolle. Nach dem
neunten Lebensjahr ist der Bewegungsdrang des Kindes zu groß, als daß er
durch Spiele solcher Art befriedigt werden könnte.*

Das wilde Tier

Wir möchten in den Garten gehn,
Wenn nur das wilde Tier nicht käm.
Die Glock schlägt eins, die Glock schlägt zwei,
Das wilde Tier ist noch nicht frei,
Die Glock schlägt drei, die Glock schlägt vier,
Das wilde Tier ist noch nicht hier,
Die Glock schlägt fünf, die Glock schlägt sechs,
Das wilde Tier ist wohl verhext,
Die Glock schlägt sieben, die Glock schlägt acht,
Das böse Tier ist nun erwacht,
Die Glock schlägt neun, die Glock schlägt zehn,
Das wilde Tier, das ist zu sehn.

Das wilde Tier hockt in der Mitte. Die Kinder fassen sich an und sprechen den Spruch. Bei „das wilde Tier, das ist zu sehn" hebt dieses den Kopf in die Höhe, springt auf und läuft los. Wer das Mal nicht erreicht, ist gefangen.

Das wilde Tier ist nichts anderes als die Begierdennatur, die jetzt in das Kind hineinschießt. Der Garten ist die Sphäre der Lebenskräfte, eben jener paradiesische Zustand, in dem das Kind bis zum 8.–9. Jahr noch lebt. Dann wird der Goldglanz des seelischen Raumes durch ein Schattenhaftes getrübt, die Kinder spüren das und haben auch Angst vor dem wilden Tier, wenn dieses seine Rolle echt spielt. Auf der anderen Seite aber erwachen persönliche Mutkräfte, die der inneren Trübung und Verfinsterung entgegenwirken.

Fuchs und Hahn

Der Fuchs tut so, als ob er Reisig zusammenträgt, sich ein Feuer anmacht und einen Kessel darauf stellt. Der Hahn guckt etwas neugierig zu und fragt:

Hahn: Roter Fuchs, was tust du da?
Fuchs: Frag nicht viel, das siehst du ja.
Hahn: Machst du dir ein Feuer an?
Fuchs: Ei, du bist ein kluger Mann.
Hahn: Ist im Kessel Wasser drin?
Fuchs: Ei, gewiß, schau doch nur hin.
Hahn: Und was willst du kochen dann?
Fuchs: Hühnersuppe, wenn ich kann.

Bei diesen Worten springt der Fuchs auf und läuft hinter dem Hühnervolk her. Es gibt ein Freimal. Wenn alle darin sind oder ein Teil zu Gefangenen gemacht worden ist, ist das Spiel zu Ende. Dann wird ein neuer Fuchs und ein neuer Hahn bestimmt.

Man sollte Zwiegespräche solcher Art auswendig lernen lassen und eine Zeitlang immer wiederholen, bis alle Kinder in der Rolle darin sind. Erst dann macht es den Kindern richtig Freude und erfüllt den pädagogischen Zweck. Spielt das Kind zum Beispiel den Fuchs, dann macht es bewußt etwas, was sonst im Innern wirkt, von dem es sich aber sonst so leicht nicht distanzieren kann.

In der Grube hockt ein Tier

In der Grube hockt ein Tier,
Leute, sagt, was macht es hier?
Sieht uns gar nicht freundlich an,
Zeigt auch, daß es beißen kann.
Brummelt etwas vor sich hin,
Was hat nur das Tier im Sinn?
Will uns fangen, laufet weg,
Sonst holt uns das Tier vom Fleck.

Zwischen zwei Reihen, die bei jeder Zeile vier Schritte vor bzw. zurück gehen, hockt das Tier und macht die entsprechenden Gebärden. Kaum ist der letzte Vers zu Ende, springt es auf und versucht, so viele wie möglich abzuschlagen. Außerhalb der Spielfeldgrenze (20×30 Meter) ist man in Sicherheit. Das Tier muß die übrigen so lange verfolgen, bis keiner mehr im Feld ist. Wer dieses verläßt, darf nicht wieder hinein.

Die Spielmotive einer bestimmten Altersstufe ähneln sich naturgemäß. Es ist deshalb gut, auch einmal eine Variation eines bekannten Themas zu wählen. In diesem Falle sind es die beiden Reihen, die aufeinander zukommen. Ein solcher Wechsel in der Spielanlage bringt oft ganz neue Spannungsmomente in das Spiel hinein und wirkt anregend und belebend auf die Kinder.

Katze und Maus

Ein großer Kreis, alle fassen sich an, bis auf die Maus, die sich im Kreis befindet, und die Katze, die draußen wartet. Vor dem Spiel entwickelt sich folgender Dialog:

Katze: Mäuschen, Mäuschen, komm heraus, ich geb dir ein Stück Zucker.
Maus: Mag ich nicht!
Katze: Mäuschen, Mäuschen, komm heraus, ich geb dir ein Stück Speck.
Maus: Mag ich nicht!
Katze: Mäuschen, Mäuschen, komm heraus, sonst kratz ich dir die Augen aus.
Maus: Versuch es doch!

Die Maus darf überall hindurch, die Katze wird daran gehindert, loslassen ist verboten. Gelingt es der Katze, die Maus zu berühren, dann ist diese gefangen, gelingt es ihr nicht, dann kommen zwei andere Spieler dran.

Die innere Anteilnahme der Kinder an diesem Spiel ist oft überwältigend. Mit großer Spannung verfolgen sie das Schicksal der kleinen Maus, wenn sie nur nicht der bösen Katze in die Krallen gerät. In der Maus erblicken die Kinder das seelische Element des schutzlos Preisgegebenen. So wie die Maus empfindet sich die Kindesseele um das 8.–9. Jahr herum. Sie kennt noch nicht der Gefahren der räumlichen Welt, in die sie hineinwächst und vor denen sie sich hüten muß. Ganz deutlich empfindet das Unbewußte im Kinde, daß im Spielgeschehen etwas enthalten ist, was es unmittelbar angeht.

Wolf im Schafspelz

Die Kinder fassen sich an und bilden einen Kreis. In der Mitte liegt ein Tuch. Beim Rundumgehen wird folgender Spruch gesagt:

Der Wolf ist fort, der Wolf ist fort,
Er ist an einem andern Ort,
Er ist nicht hier, er ist nicht da,
Er ist wohl in Amerika.

Dieser Spruch wird wiederholt. Plötzlich aber läuft eines der Kinder, das vorher vom Lehrer, der am Kreis entlanggegangen ist und jedem einzelnen Kinde etwas ins Ohr gesagt hat, zum Wolf bestimmt worden ist, zur Mitte, ergreift das Tuch und versucht, so viel wie möglich damit abzuschlagen. Wer vom Wolf getroffen wird, muß ausscheiden. Wer ein vorher bestimmtes Freimal erreicht hat, ist in Sicherheit.

Man erlebt in diesem Spiel stark den Augenblick der spontanen Überrumpelung. Stürzt der Wolf zur Mitte, um sich das Tuch zu holen, dann weiß manches Kind nicht so recht, was es zu tun hat. Erst wenn der Wolf gerade auf es zukommt, läuft es davon. Kinder in einem bestimmten Lebensabschnitt sollen für ihre Umgebung erwachen. Sie sollen aus einer gewissen Verträumtheit herauskommen, um eine eigene Einstellung zu den Dingen zu finden. Wer das rettende Mal erreichen kann, hat sich richtig verhalten. Dieses Bewußtsein verhilft dem Kinde, mit der Wirklichkeit vertraut zu werden, und gibt ihm das Gefühl einer gewissen Sicherheit.

Der Waldgeist und die Haselnüsse

Waldgeist: Was macht ihr da?
Kinder: Wir suchen Haselnüsse.
Waldgeist: Kann man die essen?
Kinder: Nein, die muß man aufknacken.
Waldgeist: Was ist denn darin?

Sagen jetzt die Kinder „Der süße Kern", dann dürfen sie den Waldgeist verfolgen, bis er in seinen Baum hineingeschlüpft ist. Sagen sie „Der bittere Kern", dann darf der Waldgeist hinter ihnen herlaufen, bis sie zu Hause sind. Die Kinder besprechen vorher untereinander, ob sie süß oder bitter sagen wollen. Wer den Waldgeist abschlägt, wird neuer Waldgeist. Gelingt es dem Waldgeist, eines der Kinder abzuschlagen, dann darf er Waldgeist bleiben. Gelingt es ihm nicht, dann wird ein neuer Waldgeist ermittelt.

20

Es ist sehr wichtig für die Kinder, zu beschließen, ob sie süß oder bitter sagen wollen, und gerade diese kleine Möglichkeit einer eigenen Initiative wird als das Schönste am Spiel empfunden. Man tut dann sehr geheimnisvoll und freut sich, wenn man den Waldgeist überrascht hat. Die Verbindung zum Elementarischen ist in diesem Alter noch so groß, daß mit dem Waldgeist eine ganze Welt von Naturwesen mit in das Spiel „hineinhuscht".

Der Hopfenbauer und der Bär

Bär:	Guten Tag, Herr Hopfenbauer,
	ich brauche eins von deinen Kindern.
Hopfenbauer:	Welches willst du haben?
Bär:	Den Peter.
Hopfenbauer:	Den kannst du nicht kriegen, der muß
	das Feld besorgen.
Bär:	Ich will ihn aber doch haben.
Hopfenbauer:	Dann hol ihn dir, wenn du ihn kriegen kannst.

Peter ist der letzte, und alle stehen in einer Reihe nebeneinander. Er muß versuchen, das zwanzig Schritte entfernte Haus, ein Viereck, zu erreichen. Kann ihn der Bär nicht erwischen, dann ist er frei. Wird er gefangen, muß er in die Höhle, die sich in der Nähe befindet. Jedesmal beginnt der Bär: Guten Tag, Herr Hopfenbauer, ich brauche eins von deinen Kindern usw. Der Hopfenbauer antwortet dann etwa so: Die Bärbel muß waschen, der Heiner muß Holz hacken, die Suse muß kochen usw. Die Reihe wird immer kleiner, wenn es dem Bären gelingt, das betreffende Kind in seine Hand zu bekommen. Gelingt es ihm einmal nicht, dann sind alle anderen wieder frei, und ein anderer Bär kommt an die Reihe.

In diesem Spiel zeigt sich ganz deutlich, wie an das Kind etwas herantritt, was es auffordert, die Ordnung, in der es bisher lebte, zu verlassen. Der Vater kann es nicht mehr schützen, aber wenn es seine eigene persönliche Tüchtigkeit unter Beweis gestellt hat, dann kann das Andere ihm nichts mehr anhaben. Wer nicht tüchtig ist, verfällt den Kräften, die zum eigentlich Menschlichen nicht dazugehören. Diese Wahrheit steht unbewußt vor dem Kinde, und es will den Impuls aufnehmen, sein Empfinden in die Tat umzusetzen.

Lämmergeier

Eines der Kinder bekommt eine Kappe aufgesetzt. Dies ist der Lämmergeier, der durch heftiges Schlagen mit den Armen die anderen in Angst zu setzen versucht. Wer berührt wird, ist gefangen und muß in den Horst, der durch einen Kreis deutlich markiert wird. Bei fünf Gefangenen hat der Lämmergeier gewonnen. Gelingt es aber den Spielern, einen Kreis um ihn zu schließen, dann hat er verloren.

Am Ende des 8. Lebensjahres wollen die Kinder in ihrer Initiative angesprochen werden. Können sie, statt nur davonzulaufen, sich zu einer gemeinsamen Aktion aufraffen, dann ist damit schon viel erreicht.

Hase und Krokodil

Die Hasenmutter sagt zu einem ihrer Kinder:
> Lauf zum Fluß und sieh, was das Krokodil macht.

Das Kind läuft hin, kommt zurück und sagt:
> Mutter, es schnarcht, daß die Bäume wackeln.

Hasenmutter: Dann können wir weiterknabbern.

Nach einer Weile sagt sie zu einem anderen Kind:
> Lauf zum Fluß und sieh, was das Krokodil macht.

Das Kind läuft hin, kommt zurück und sagt:
> Mutter, es wischt sich gerade den Schlaf aus den Augen.

Das nächste Kind: Es putzt sich die Zähne . . .

Das nächste Kind: Es zieht sich den Rock an . . .

Das nächste Kind: Es schnürt sich die Stiefel zu . . .

Das nächste Kind: Es bindet sich den Kragen um . . .

Das nächste Kind: Es setzt sich den Hut auf . . .

Das nächste Kind: Es kommt, es kommt, es kommt!

Mit diesem Schreckensruf suchen alle das Weite, müssen aber am Krokodil vorbei auf die andere Seite, wo ihre Höhle ist. Das Krokodil zählt, wieviele Gefangene es gemacht hat. Beim nächsten Spiel wird ein anderes Kind zum Krokodil bestimmt.

Dieses Spiel hat etwas von einer Urdramatik in sich. Die Kräfte des Ego sind auch im kleinen Kind vorhanden, aber dort schlafen sie noch. Hier werden sie

22

dargestellt durch das schlafende Krokodil. Aber dann erwacht das Ungeheuer, das in der Phantasie des Kindes von Mal zu Mal bildhafter, plastischer und drohender vor ihm steht. Unterbewußtes wird bewußt, seelische Vorgänge verdichten sich zur Anschaubarkeit. Dann kommt das Krokodil, und die Spannung entlädt sich in ein bewegtes Spielgeschehen. Dieser Wechsel von innerlich gesteigertem Erleben und äußerem Tun ist etwas sehr Gesundes und Belebendes und sollte gerade in diesem Alter zu seinem Recht kommen.

Vogelfänger

Sechs und mehr Kinder stehen hinter einem Strich. Parallel dazu in etwa 15 Meter Entfernung wird ein zweiter Strich gezogen. Alle Kinder haben einen Vogelnamen, bis auf die beiden ersten: den Vogelfänger und die Vogelmutter. Der erstere setzt sich einen Hut auf, die letztere bindet sich ein Tuch um den Kopf. Und nun beginnt folgendes Gespräch:

> Vogelfänger: Ich sah vorhin ein Vögelein,
> Es flog dort in den Busch hinein,
> Kann ich es haben, sag es mir,
> Sollst haben blankes Gold dafür.
> Vogelmutter: Gar viele Vögel sind bei mir,
> Wenn du sie fängst, gehörn sie dir.
> War es ein Spatz?
> Vogelfänger: Nein!
> Vogelmutter: War es ein Fink?
> Vogelfänger: Nein!
> Vogelmutter: War es ein Rotkehlchen?

Wenn jetzt die Antwort „Ja!" kommt, dann läuft der als Rotkehlchen vorher ausgemachte Spieler so schnell er kann auf die andere Seite. Der Vogelfänger versucht, ihn abzuschlagen. Sind alle Kinder einmal an der Reihe gewesen, dann zählt der Vogelfänger, wieviel Vögel er gefangen hat.

Jedes Kind ist dem Vogelhaften verwandt. Sein Anteil am Irdischen, Festen ist noch recht gering. Der Vogelfänger repräsentiert die Kräfte des Erdhaften. Wer von ihm berührt wird, ist gefangen. Er wird eingesperrt und darf nicht mehr fliegen. Damit wird die Bindung des Seelischen an die Körperlichkeit symbolisch dargestellt. Das Kind verliert aber nicht nur etwas, es erringt sich dadurch seine Selbständigkeit, um die es allerdings kämpfen muß. Um seiner Selbständigkeit willen braucht es diese Begegnung. Die Vogelmutter stellt die schützende Geborgenheit dar, sie muß aber ihre Schützlinge entlassen, weil das Leben es so verlangt. Zwischen solchen Tendenzen bewegt sich das Kind im 7.–9. Lebensjahr.

Alle meine Gänschen, kommt nach Haus

In der Mitte eines Rechtecks von 20 × 15 Metern steht die Gänsemagd und ruft:
>Alle meine Gänschen, kommt nach Haus.

Die Gänse, die hinter der einen Schmalseite stehen, rufen:
>Wir können nicht!

Darauf die Gänsemagd:
>Warum denn nicht?

Die Gänse antworten:
>Der Fuchs steht hinter dem Gänsehaus.

Dieses befindet sich, durch einige Striche angedeutet, hinter der anderen Schmalseite. Jetzt ruft die Gänsemagd zum zweiten Male:
>Alle meine Gänschen, kommt nach Haus.

Nun muß der Fuchs vorkommen und sich ins Feld wagen, wo die Gänsemagd mit einer Rute steht. Wird er damit getroffen, dann ist er „tot". Kann er sich aber ein Gänschen fangen, dann beginnt das gleiche wie vorher mit Rede und Gegenrede. Das Spiel geht weiter, bis alle Gänse gefangen sind.

Die Gänsemagd, welche ihre Gänslein beschützen muß, ist eine sehr dankbare Rolle, und alle Kinder freuen sich darauf, sie einmal spielen zu dürfen.

Habicht und Henne

Ein großes, geschicktes Kind steht in der Mitte und breitet die Arme aus. Alle Küken fassen um den Leib der Henne bzw. des Vordermannes. Der Habicht versucht, das letzte abzuschlagen, er darf sich aber nicht von der Henne berühren lassen, sonst ist er ab, und ein anderer tritt an seine Stelle. Alle Küken, die der Habicht fängt, bringt er in sein Haus. Es wird aber immer schwerer für ihn, ein Küken zu fangen, denn wenn schließlich nur noch eines da ist, kann dieses sehr leicht immer wieder hinter die Mutter schlüpfen, und der Habicht muß sehr gut aufpassen, daß er von ihr nicht berührt wird. In dem Fall sind alle Küken wieder frei.

Dieses über die ganze Erde verbreitete Spiel sollte den Kindern im 8. Lebensjahr nicht vorenthalten werden, denn es stellt in einer wunderbar anschaulichen Weise dar, wie das Kind bis zu diesem Zeitpunkt abgeschirmt wird gegen Kräfte, die es auf eine niedere Stufe ziehen wollen. Der Habicht kann als etwas aufgefaßt werden, was mit der Habsucht verwandt ist. Die Hände der Kükenmutter mit den ausgebreiteten Armen haben etwas von der schützenden Gebärde des Engels. Das Kind steht in dem genannten Alter tatsächlich zwischen solchen Gegensätzen und muß sich innerlich damit auseinandersetzen.

Pudelpeter

Kinder: Da kommt der Pudelpeter, der will uns wieder eine Geschichte erzählen.

Pudelpeter: Na, Kinder, welche Geschichte wollt ihr heute hören? Die von gestern, die von heute oder die von morgen?

Kinder: Die von heute.

Pudelpeter: Na gut. Also, ich ging durch einen Wald, und da sah ich ein großes Tier. Das hatte einen Schwanz und zwei riesige Ohren. An den Füßen hatte es Krallen, und es rollte mit den Augen, dann riß es das Maul auf, zeigte seine Zähne und fraß alles auf.

Der Pudelpeter macht alles genauso, wie er sagt, und bei „fraß alles auf" springt er auf den Nächsten zu, um ihn zu verschlingen. Aber die Kinder kennen das Stichwort bereits, denn kaum hat er es gesagt, da springen sie auf und laufen davon. Wer sich nicht in Sicherheit bringen kann, wird „aufgefressen".

Jedes Kind sollte einmal drankommen und das Tier beschreiben und darstellen dürfen. Es ist geradezu eine Wohltat für das Kind im 8.–9. Schuljahr, seine Phantasie nach dieser Richtung hin auswirken zu lassen. Es ist dem Wesen der Tierheit innerlich noch so verbunden, daß es seine Rolle absolut echt spielt. Aber durch das Spielgeschehen setzt es diese Kräfte aus sich heraus, die sonst leicht die Oberhand gewinnen und es in einen tumultuarischen Zustand versetzen können.

Knollenkobold

Peter wird von seiner Mutter zum Knollenkobold geschickt, um ein paar Zwiebeln zu holen.

Peter:	Guten Morgen, Herr Knollenkobold.
Knollenkobold:	Guten Morgen, Peter.
Peter:	Ich möchte ein paar Zwiebeln haben.
Knollenkobold:	Du hast doch gestern erst welche geholt.
Peter:	Die haben die Mäuse gefressen.
Knollenkobold:	Zieh dir eine heraus.

Peter geht zu den Mitspielenden, die nebeneinander stehen und sich anfassen. Er versucht, das letzte Kind vom vorletzten zu trennen, indem er einen tüchtigen Anlauf nimmt und das letzte Glied zu sprengen versucht. Gelingt ihm das, dann darf er das betreffende Kind mit auf die andere Seite nehmen. Gelingt es ihm aber nicht, dann muß er sich mit anstellen, und das Kind, an dem seine Versuche fehlgeschlagen sind, beginnt ein neues Spiel. Wenn alle Kinder drüben sind, kehrt Peter noch einmal zurück und bittet den Knollenkobold, von der Suppe zu kosten, die seine Mutter gekocht hat.

Peter:	Du sollst kommen und von der Suppe essen.
Knollenkobold:	Ich fürchte mich vor deinen Hunden, die wollen mich beißen.
Peter:	Nein, die tun dir nichts.
Knollenkobold:	Dann gehe ich mit.

Inzwischen sind aus den Zwiebeln Hunde geworden, die alle nebeneinander stehen und immer wütender werden, je mehr der Knollenkobold an sie herankommt. Einige Schritte vor ihnen sagt der

Knollenkobold:	Hörst du sie knurren?
Peter:	Sie knurren nicht.
Knollenkobold:	Hörst du sie bellen?
Peter:	Sie bellen nicht.
Knollenkobold:	Jetzt reißen sie schon das Maul auf.

Das ist das Stichwort. Jetzt dürfen die Hunde loslaufen. Der Knollenkobold aber muß schleunigst umkehren und versuchen, sein Haus zu erreichen.

Das Reizvolle an diesem Spiel ist, daß aus den Zwiebeln Hunde werden.
Solche Metamorphosen erlaubt sich die kindliche Phantasie gern, denn die
Verwandlungsfähigkeit ist im 8. Lebensjahr noch fast unbegrenzt.

Sternenhausspiel

Sechs Häuser gibt es: das Sonnenhaus (Kreis), das Mondenhaus (Halbkreis),
das Sternenhaus (Sechseck), das Himmelshaus (Dreieck), das Erdenhaus (Viereck)
und das Gefängnis (ein formloses Gebilde). In dem letzteren wohnt der
Wolf. Die Kinder sind auf die verschiedenen Häuser verteilt und verhalten
sich ganz still. Dies ist eine notwendige Voraussetzung zum Gelingen des
Spiels. Nach einer Weile erhebt sich der Wolf von seinem Lager und schleicht
von einem Haus zum andern und sagt dabei folgenden Spruch:

> Ich schleiche durch die dunkle Nacht,
> Die Türen, die sind zugemacht,
> Doch rufe dreimal ich: Heraus!
> Dann wechselt jedes Kind sein Haus.

Jetzt ist der Bann gebrochen. Die Kinder laufen aus ihren Häusern heraus,
und der böse Wolf hinterher. Er hat ein Knotentuch, mit dem er abschlagen
darf. Wer getroffen wird, muß ins Gefängnis. Jedes Kind darf allerdings in
ein neues Sternenhaus, sobald der Wolf in seine Nähe kommt. Es muß aber
so lange darin bleiben, bis auch das letzte ein schützendes Haus aufgesucht
hat. Gelingt es dem Wolf während einer festgesetzten Zeit nicht, dieses zu
bewerkstelligen, dann hat er das Spiel verloren. Die Entfernungen zwischen
den einzelnen Häusern dürfen nicht allzu groß sein.

Die Bezeichnung der Häuser ist etwas, womit sich das Kind verbinden kann,
denn es gehört seinem Wesen nach noch zu jenen Kräften, die dem kosmischen
Prinzip angehören. Der Wolf repräsentiert demgegenüber eine Kraft, die den
Urtiefen angehört, vor der man sich aber fürchten muß. Aber der Anreiz ist
doch stark, den Kampf mit ihr wenigstens aufzunehmen. Man hat ja immer
die Möglichkeit, sich in die vertraute Sphäre zu retten. Daß man sich mög-
lichst lange dem Zugriff der feindlichen Macht entziehen will, versteht sich.
Wer dem Wolf immer wieder ein Schnippchen schlagen kann, ist besonders
geachtet von denen, die sich vorher in ihre Häuser geflüchtet haben und mit
Interesse den Kampf der wenigen verfolgen, die noch übriggeblieben sind.

Fuchs im Loch

Etwa drei Meter groß ist das Loch, in dem der hinkende Fuchs sein Lager aufgeschlagen hat. Er ist böse und aggressiv, und wenn er mit seinem Knotentuch zuschlägt, tut es manchmal schon etwas weh. Die Mitspieler tanzen um seine Höhle herum und rufen:

> Fuchs im Loch, fang uns doch,
> Fuchs im Loch, fang uns doch.

Anfangs nimmt der Fuchs keine Notiz davon, aber das ist nur seine List. Sind die anderen dicht genug an ihn herangekommen, dann springt er auf und verfolgt sie. Wer getroffen wird, muß ausscheiden. Der Fuchs darf sich aber nicht zu weit von seinem Loch entfernen, denn wenn er sich zurückbewegt, haben die anderen Schlagrecht und können ihn mit ihrem Knotentuch in seinen Fuchsbau zurückjagen.

Der hinkende und zuschlagende Fuchs repräsentiert eine Seeleneigenschaft, die das Kind sehr gut kennt. Es ist eine Mischung von List, Grausamkeit und Verschlagenheit, die jedoch ihre Grenzen hat. Nur innerhalb seines Bezirkes ist der Fuchs stark, wagt er sich zu weit vor, dann fehlt ihm die Rückendeckung, und dann erwacht in allen der Wunsch, es ihm heimzuzahlen.

Schabernack

Der Schabernack wohnt in einem Haus, das durch ein Rechteck von sechs bis zehn Schritten dargestellt wird.

> Schabernack, Schabernack,
> Aufgestanden, es ist Tag!
> Hörst du nicht die Vögel schrein?
> Draußen ist schon Sonnenschein.

Schabernack, Schabernack,
Aufgestanden, es ist Tag!

Mit diesem Spottvers ärgern die Kinder den alten Schabernack, der in den Tag hineinschläft. Manche laufen sogar durch sein Haus hindurch. Sie müssen aber achtgeben, daß sie dabei nicht von dem alten Eigenbrötler erwischt werden. Wer abgeschlagen wird, ist neuer Schabernack. Wer dreimal Schabernack war, kommt in die Hölle und muß ins Fegefeuer zum Spießrutenlaufen, das heißt er muß durch eine von den Kindern gebildete Gasse laufen und bekommt von jedem einen Schlag auf den Buckel.

Der Schabernack stellt jegliche Form von Engherzigkeit dar, und es bereitet den Kindern, die sehr fein darauf reagieren, das größte Vergnügen, ihm ein Schnippchen zu schlagen.

Plumpsack

Die Kinder stehen im Kreis. Eines hat ein verknotetes Taschentuch und geht damit herum, indem es folgenden Spruch sagt:

> Dreht euch nicht um,
> Der Plumpsack geht herum,
> Wer sich umdreht oder lacht,
> Dem wird der Buckel blau gemacht.

Keines der Kinder darf sich tatsächlich umdrehen oder lachen, sonst wird es bestraft. Bei seinem Rundgang läßt der Plumpsack, nachdem er sich Ordnung und Respekt verschafft hat, das Taschentuch fallen, tut aber so, als ob nichts geschehen wäre. Merkt das Kind, hinter dem das Tuch liegt, dieses, dann darf es dasselbe aufheben und damit den Plumpsack verfolgen, der sich in die so entstandene Lücke retten muß. Merkt es das aber nicht, dann hebt der Plumpsack nach seinem Rundgang das Taschentuch selbst auf und jagt das Kind, das seine Zeit verschlafen hat, unter Schlägen einmal herum und schickt es als „Faules Ei" in die Mitte.

Es geht hier um das Selbständigwerden und Lösen aus der Verbundenheit mit der Umwelt, in der sich das Kind in dem 7.–8. Lebensjahr befindet. Es wird durch ein solches Spiel zur eigenen Initiative aufgerufen, denn es muß von sich aus etwas wollen.

Müller und Esel

Müller: Esel, wo kommst du her?
Esel: Ich komme aus der Mühle.
Müller: Was hast du getan?
Esel: Ganz kleine Säcke getragen.
Müller: Was war in den Säcken?
Esel: Lauter Bücher.
Müller: Was stand in den Büchern drin?
Esel: Lauter Lieder.
Müller: Sing mir eines vor.
Esel: Vater hat mir noch keins beigebracht.
Müller: Gib mir mal die Peitsche her.
Esel: Wozu denn?
Müller: Dem Esel eins übers Fell zu ziehen.
Esel: Welchen Esel willst du schlagen?
Müller: Dich!
Esel: Mich kriegst du nicht.

Wenn das Zwiegespräch zu Ende ist, läuft der Müller hinter allen übrigen Spielern her, und wenn er eine Anzahl gefangen hat, beginnt ein neues Spiel mit zwei anderen Sprechern.

In jedem Kind steckt in diesem Alter ein kleiner Eulenspiegel, die erwachende Intelligenz will ausgespielt werden, und es bereitet das allergrößte Vergnügen, sie „an den Mann" zu bringen.

Schneider Stichelkopp

Der Schneider sitzt mit untergeschlagenen Beinen auf der Erde oder auf seinem Bock und tut so, als ob er an einem Rock näht. Das Zimmer wird durch vier Striche angedeutet. Eines der Kinder tritt an ihn heran und fragt ihn:

Schneider, was nähst du da?
Ich nähe einen Rock.
Wem gehört dieser Rock?
Er gehört dem Bürgermeister.
Warum gehört er dem Bürgermeister?

Weil er ihn bezahlt hat.
Warum hat er ihn bezahlt?
Weil er ein ehrlicher Mann ist.
Warum ist er ein ehrlicher Mann?
Das weiß ich nicht.
Wenn du es nicht weißt, dann bist du ein Dummkopf!

Mit diesem Wort springt der Schneider auf und versucht abzuschlagen, wen er nur kann, während von den übrigen fortwährend gerufen wird: Schneider Schneider Stichelkopp, Schneider Schneider Stichelkopp ... Wer gefangen wird, muß ausscheiden. Aber mehr als ein halbes Dutzend braucht der Schneider nicht zu fangen.

Der Schneider mit der spitzen Nadel und der scharfen Schere ist etwas, was zum Widerspruch reizt. Allein durch sein Tun schon repräsentiert er etwas von der Einseitigkeit des Verstandesmäßigen. Das Kind, welches noch den vollen Menschen in sich trägt, wehrt sich dagegen und freut sich, wenn es den anderen aus seiner Ruhe bringen kann. Die Kinder im 9. Lebensjahr sind oft recht gute Schauspieler, sie finden sich in die Rolle des Schneiders mit einer überraschenden Selbstverständlichkeit hinein. Daß die innere Verwandlungsfähigkeit durch Spiele solcher Art besonders geweckt werden kann, erhöht den Reiz des Bewegungsspieles noch um ein Beträchtliches.

Urbär

Der Urbär hat eine Höhle, die durch einige Striche angedeutet wird. Seine Aufgabe ist es, alle übrigen auch zu „Bären" zu machen. Berührt er einen der Mitspielenden, dann muß dieser ihn anfassen. Beim nächsten Abschlag sind es drei, die eine Kette bilden, und dann vier. Jetzt kann die Gruppe geteilt werden, und beide Gruppen schlagen ab, bis wieder vier beisammen sind. So entstehen immer neue Ketten. Reißt einmal eine Kette, dann können die „Bären" in die Höhle geprügelt werden. Es ist darauf zu achten, daß außer dem Urbär kein einzelner Spieler Schlagrecht hat. Sieger in dem Spiel ist der letzte, er kann nicht mehr gefangen werden.

Im 9. Lebensjahr beginnt das Kind, seine Leiblichkeit anders als vorher zu empfinden. Es entdeckt, daß man auch faul und träge sein kann, die Bindung des Seelischen an den Leib macht sich bemerkbar. Das Ursymbol dafür ist der

Bär. Ihn versteht das Kind in diesem Alter sehr gut. Man darf sich vom Bären nicht fangen lassen, sonst ist man nicht mehr frei. Wem es gelungen ist, als letzter übrig zu bleiben, über den haben die Bären keine Macht. Darin spricht sich eine alte Weisheitsregel aus. Man muß den Verlockungen des Lebens so lange standhalten, bis man stark genug ist, ihnen nicht zu verfallen.

Böckchen, Böckchen, schiele nicht

Die Kinder fassen sich zu zweien an und stehen hintereinander. Vor den Paaren steht das Böckchen. Die Kinder sagen folgenden Spruch:

> Böckchen, Böckchen, schiele nicht,
> Guck uns nicht ins Angesicht,
> Eins, zwei, drei, eins, zwei, drei,
> Gleich sind wir an dir vorbei.

Es kann ein oder mehrere Male gesprochen werden. Während dieser Zeit kommt das letzte Paar rechts und links vor und versucht, sich vor dem Böckchen wieder zu vereinigen. Wird einer abgeschlagen, dann muß er als neues Böckchen an die Spitze gehen, während das alte Böckchen mit dem anderen Spieler ein neues Paar bildet.

Es macht den Kindern großen Spaß, immer wieder den Spruch zu sagen und zu verfolgen, wie es den beiden geht, die sich getrennt haben und wieder zusammenkommen müssen. Das Böckchen, das sie auseinanderbringen möchte, hat etwas von der Streitlust an sich, die in diesem Alter zu erwachen beginnt.

Fährmann

Zwei Striche deuten den Fluß an. Am Ufer sitzt der Fährmann in seinem Boot, er kann aber nicht auf die andere Seite, weil man ihm sein Ruder weggenommen hat. Die Spieler dürfen an Land nicht abgeschlagen werden. Der Fährmann versucht, sein Ruder, das von einer Hand in die andere wechselt, durch Abschlag des Spielers, der es gerade in der Hand hat, zurückzubekommen. Gelingt ihm dies, dann hat er das Spiel gewonnen. Wer sonst abgeschlagen wird, muß dem Fährmann helfen. Das Spiel beginnt mit folgendem Spottvers:

Fährmann sitzt in seinem Kahn,
Weil er nicht mehr rudern kann,
Denn das Ruder haben wir,
Fährmann, Fährmann, hol es dir.

Im 9. Lebensjahr genügen wenige Mittel, um die Phantasie des Kindes zu beleben. Dies geschieht um so besser, je mehr die Beziehung zu einer urbildhaften Gestalt, wie der Fährmann es ist, hergestellt wird.

Fische fangen

Ein Kreis mit allerlei Ausbuchtungen ist der See. Der Fischer hält seine Angel bereit, einen Stock mit einer Schnur daran, die am Ende durch einen Tennisring oder sonst etwas beschwert ist. Er geht am See entlang und spricht:

Wenn ich zu dem Weiher geh
Und die blanken Fischlein seh,
Nehm ich meine Schnur, und dann
Fang ich, was ich fangen kann.
Eins, zwei, drei,
Der Fischer wirft sein Blei.

Nach diesen Worten schleudert er die Schnur knapp über den Boden und versucht, eines der Kinder in dem Kreis an den Füßen zu treffen. Wer getroffen wird, muß in den „Korb". Ist der Korb voll, dann hat der Fischer seinen Fang für dieses Mal beendet, und ein anderer kommt dran.

Ohne die phantasievolle Andeutung ist das Spiel nur halb soviel wert, kommt es doch nicht so sehr auf das Hüpfen an, sondern auf die innere Bewegung, die Angst, die Freude, die Verwandlung in einen Fisch.

Ritter Kuno

Die Kinder stehen im Kreis und fassen sich an. In der Mitte steht der Ritter Kuno, ein ziemlich garstiger Geselle. Mit folgendem Spottvers wird er verhöhnt:

Ritter Kuno ohne Land,
Bist der Köchin fortgerannt,
Kriegst statt Schinken Wackerstein,
Renn dir nicht den Schädel ein.

Nachdem dieses gesagt worden ist, versucht Kuno auszubrechen, aber die Kinder halten fest und lassen ihn nicht durch, denn sie wissen, daß es zu ihrem Nachteil sein würde. Gelingt es ihm, aus dem Kreis herauszukommen, dann kann er alle abschlagen. Es gibt kein Freimal. Wer abgeschlagen ist, muß helfen, die anderen zu fangen. Der letzte darf einen neuen Ritter bestimmen, auch sich selbst.

Kuno stellt gewissermaßen die unbeherrschte Willensnatur dar, die nur dann ungefährlich ist, wenn sie weisheitsvoll in die Ordnung eingegliedert werden kann. Das ist in diesem Falle der Kreis. Kann sich dieser Wille aber ungehemmt entfalten, dann bringt er den Einzelnen in ein Abhängigkeitsverhältnis zu ihm. Die Kinder haben ein Gefühl für diese Tatsachen und wissen genau, was es mit dem Kuno auf sich hat. Deshalb setzen sie alles daran, um ihn nicht herauszulassen.

König Langohr

In der Mitte des Platzes befindet sich ein umgestülpter Kochtopf. Einer der Spieler sitzt darauf, während die anderen um ihn herumtanzen und folgenden Spruch sagen:

> König Langohr, Suppentopf,
> Hast ja einen Eselskopf,
> Komm doch her und hol uns ein,
> Brauchst dann nicht mehr Esel sein.

Wird es dem Esel zu bunt, dann springt er auf und versucht, jemanden abzuschlagen. Gelingt ihm das, dann muß ihn der Abgeschlagene auf seinen Buckel nehmen und zum Topf tragen. Mit dem neuen Esel wird das Spiel wiederholt.

König Langohr ist der gutmütige Tölpel, der sich immer wieder übers Ohr hauen läßt, dem aber doch einmal der Geduldsfaden reißt. Hat er einen seiner Spötter abgeschlagen, dann ist das alte Fatum gebrochen. Den umgekehrten Suppentopf, das Symbol der niederen Freßbegierde, überläßt er einem anderen, nachdem er gezeigt hat, daß auch er etwas kann. Es ist manchmal sehr lustig, zu beobachten, mit welchem Triumph der vorher Verspottete sich auf den Rücken des Bezwungenen schwingt, um ihn an den Ort seiner Schande zu treiben, wo die Rollen getauscht werden.

34

Buttfisch, komm wieder

Eines der Kinder hält sich den Arm vor das Gesicht und lehnt sich an einen Baum oder an eine Hauswand. Ein anderes klopft ihm dreimal auf den Rücken und ruft dabei: Tick, tick, tick, wo soll der hin? Der Gefragte nennt eine Stelle, zum Beispiel an die Ecke, an die Tür, an den Baum. Wenn alle ihren Platz haben, darf sich der zur Wand gekehrte Spieler umdrehen und mit lauter Stimme rufen: Buttfisch, komm wieder! Jetzt kommen alle so schnell sie können zum Mal zurück. Wer zuerst die Wand berührt, sagt: Tick, tick, tick. Er ist der neue Frager. Wer zuletzt kommt, muß sich mit dem Gesicht an die Wand stellen.

Dieses Mal geht es darum, der erste zu sein, um die Regie übernehmen zu können. Der letzte stellt das blinde Fatum dar, seine Rolle hat etwas Orakelhaftes, denn jeder muß an den Ort, den er nennt. Mit wenigen Kunstgriffen wird dadurch eine Stimmung der Erwartung und des Geheimnisvollen geschaffen, was der kindlichen Psyche sehr wohltut.

Runzelpeter

Einer der Spieler sitzt auf irgendeinem Gegenstand. Er ist der Runzelpeter, dessen Blick alles Leben erstarren läßt. Um ihn herum befinden sich in 10 bis 15 Meter Entfernung die übrigen. Alles blickt voller Erwartung zu ihm hin. Er tut, als ob er schläft, dann aber hebt er langsam den Kopf und spricht:

> Die Sonne scheint, es fällt der Schnee,
> Ich sage komm und sage steh,
> Denn wer sich rührt, der darf nicht gehn
> Und muß am selben Orte stehn.

Nach diesen Worten beginnt das Spiel: jeder versucht, hinter dem Rücken des Runzelpeters dicht an ihn heranzukommen und seine Macht durch einen Schlag auf den Rücken zu brechen. Wird er beim Vorangehen ertappt, dann sagt der Runzelpeter mit lauter Stimme: „Heiner (oder Inge) steh!" Der Betreffende wird dann zur Salzsäule und muß am gleichen Fleck verharren, bis das Spiel zu Ende ist.

Der Blick des Runzelpeters lähmt die Bewegung. Er hat die Macht über alles, was sich rührt und regt. Der Runzelpeter ist keine reale Erscheinung, sondern ein Symbol für eine Kraft, die der Mensch später in sich entdeckt, den reinen Verstand. Wo dieser allein zur Geltung kommt, werden Leben und Fortschritt gelähmt. Das Unterbewußtsein im Kinde kann mit solchen Bildern etwas anfangen, denn sie erschließen den Sinn für ein tieferes Weltverständnis.

Karsten Steuermann

Ein Schiff wird durch eine Planke, also ein einfaches Brett, dargestellt, auf dem der Steuermann steht. Er hat einen Stock in der Hand und versucht, sich damit ein Stück voranzuschieben. Das wird ihm allerdings kaum gelingen. Die übrigen Mitspieler stimmen daraufhin folgenden Spottvers an:

> Karsten, Karsten, Steuermann,
> Hast ein Schiff und kommst nicht an,
> Sitzt auf Grund und kommst nicht weg,
> Karsten, Karsten, sitzt im Dreck.

Wer durch Abschlag mit dem Stock, dessen Ende den Boden nicht verlassen darf, getroffen wird, muß den Verhöhnten ablösen. Verläßt Karsten sein Schiff, dann versuchen die anderen, es zu entführen, das heißt aus einem Kreis, der den See darstellt, herauszuziehen.

Der Phantasie des Kindes genügt ein einfaches Brett, das ihm ein ganzes Schiff ersetzt. Darüber hinaus sollte nicht vergessen werden, daß jeder sein Lebensschifflein zu steuern hat und danach trachten muß, voranzukommen. Geht es einmal nicht weiter, dann kommen gleich die Widerwärtigkeiten, und man muß alles daransetzen, um ihrer Herr zu werden.

Mahle, mahle, Müller Max

Die Flügel einer Mühle werden durch zwei Bretter angedeutet, die quer übereinander liegen. In einiger Entfernung davon tut der Müller so, als ob er schläft. Die anderen aber klappern mit den beiden Brettern und rufen dabei:

> Mahle, mahle, Müller Max,
> Deine Mühle hat 'nen Knax,
> Klappert wie ein alter Gaul,
> Denn der Müller Max ist faul.

Der Müller erwacht durch den Lärm, steht auf und versucht abzuschlagen, wer in seiner Nähe ist. Es gibt drei Freimale, Kreise von etwa drei Meter Durchmesser. Wer abgeschlagen ist, hat ebenfalls Schlagrecht und muß die Male bewachen, darf aber selbst nicht hinein. Schließlich sind so viele Wächter da, daß sich keiner mehr herauswagt und der Müller seine Ruhe hat.

Der faule Müller ist den Kindern ein Dorn im Auge, denn sie lieben das unermüdlich Tätige noch über alles. Aber im Verlauf des Spieles müssen sie erleben, daß einer nach dem anderen in den Dienst des Gegenparts gelangt, womit die eigene Aktivität eingeschränkt wird. Das ist der Lauf der Welt. Groß ist die Freude der Kinder allerdings, wenn sie sich diesem Zugriff entziehen können.

Bauer Kohlstrunk

Ein paar Steine stellen die Rüben dar, die der Bauer Kohlstrunk liebevoll betrachtet. Er wird durch folgenden Spottvers geärgert:

> Bauer Kohlstrunk, deine Rüben
> Sind schon wieder klein geblieben,
> Wachsen nicht auf deinem Mist,
> Weil du Bauer Kohlstrunk bist.

Der Bauer läuft hinter den Kindern her, und wer mit drei Schlägen gefangen wird, muß auf den Acker und sich als Rübe dort hinhocken. Es gibt kein Freimal. Schließlich sind alle gefangen. Zum Schluß sagt der Bauer:

> O wie schön, o wie schön,
> Sind die Rüben anzusehn,
> Alle sind nach meinem Sinn,
> Weil ich Bauer Kohlstrunk bin.

Es macht den Kindern außerordentlich viel Spaß, zu sehen, wie ihresgleichen in Rüben verwandelt werden, außer wenn man selbst gefangen wird. Man strengt sich also tüchtig an, und das ist schon ein großer Gewinn.

Bäcker Bullerjan

Ein Backofen wird in irgendeiner Weise angedeutet, ein paar Steine darin sind die Brötchen. Während der Bäcker sie herausholt, stimmen die Kinder folgenden Spottvers an:

> Bäcker, Bäcker Bullerjan,
> Deine Brötchen brennen an,
> Hol sie raus und iß sie auf,
> Glaube nicht, daß ich sie kauf.

Wer abgeschlagen wird, muß in ein Gefangenenmal. Der Bäcker muß aber aufpassen, daß ihm inzwischen nicht seine Brötchen gestohlen werden. Es darf immer nur eines mitgenommen werden. Sind sie alle weg, hat er verloren. Ist aber noch eines drin, dann kann er durch das Abschlagen der Diebe, die ihre Beute wieder hergeben müssen, um ihre Freiheit trotz des Abschlags zu behalten, sein Hab und Gut wiederbekommen. Sind mehr als die Hälfte der Mitspieler abgeschlagen, dann hat er gewonnen.

Infolge seines bewegten und realistischen Spielcharakters ist die vorliegende Spielform bei den Kindern sehr beliebt. Es gehört von beiden Seiten sehr viel Geschick dazu, es für sich zu entscheiden.

Schuster Streifenpech

Der Schuster klopft mit seinem Hammer und tut so, als ob er einen Schuh besohlt, flickt oder näht. Die anderen ärgern ihn mit folgendem Spottvers:

> Schuster, Schuster Streifenpech,
> Alle Kinder laufen weg,
> Schuster, faß uns bloß nicht an,
> Sonst bleibt einer kleben dran.

Wird es ihm zu bunt, dann springt er auf und fängt durch Abschlag, wen er erreichen kann. Jeder Gefangene muß mit ihm laufen, schließlich ist die Kette so lang, daß insgesamt sechs daran hängen. Damit ist das Spiel zu Ende. Reißt die Kette vorher ab, dann kann der Schuster und sein Gefolge in sein Haus geprügelt werden.

Mit jedem Spieler, der die Kette um ein Glied vermehrt, wird es schwerer, noch einen abzuschlagen. Der Schuster stellt in diesem Zusammenhang eine Seelenqualität dar, der es an der notwendigen Frische fehlt. Er kommt von sich selbst nicht los, ist in sich verhockt, und wer ihm zu nahe kommt, wird genauso. Es bereitet den Kindern großes Vergnügen, die an der Kette hängenden tüchtig zu verspotten, worüber diese allerdings nicht allzusehr erbaut sind. Aber darin liegt gerade der besondere Anreiz zu diesem Spiel.

Vier Räuber

Ach, wie ist die Welt so schön,
Wenn wir so spazieren gehn,
Immer lustig und vergnügt,
Weil uns keiner fängt und kriegt.
Die Uhr schlägt eins,
Die Uhr schlägt zwei,
Die Uhr schlägt drei, usw. bis zwölf.

Während sie das sagen, fassen sich die Kinder an und tanzen im Kreis herum. Die Räuber hocken in der Mitte, springen bei zwölf auf und versuchen, möglichst viele abzuschlagen, bis die Kinder ein vorher ausgemachtes Freimal erreicht haben. Das Spiel wird so lange wiederholt, bis die Räuber alle gefangen haben.

Die Räuber sind etwas, was dem Kinde zunächst noch fremd ist, denn ihr Sinnen und Trachten ist ganz auf den irdischen Besitz gerichtet. Die im Kreis herumtanzenden Kinder haben noch ein Verhältnis zu den Sphärenkräften, die selbstlos sind. Wenn die Zeit abgelaufen ist, kommen die Räuber, und keinem gelingt es auf die Dauer, sich ihrem Zugriff zu entziehen. Das Zählen bis zwölf hat etwas ungemein Spannendes und Aufregendes.

Herr der Welt

Die Kinder teilen sich in vier gleiche Gruppen und bilden durch Anfassen ebensoviele Kreise. In der Mitte steht eine Fahne. In jedem Kreis befindet sich ein Kind. Ein fünftes ist übrig und hat keinen Kreis. Die Fahne wird von einem Wächter bewacht, der die Aufgabe hat, das fünfte Kind zu fangen, er muß aber aufpassen, daß dieses nicht seine Fahne erreicht. Betritt das fünfte

Kind einen Kreis, dann muß das darin befindliche sofort Platz machen und selbst hinausgehen. Der Wächter hat gewonnen, wenn er das draußen befindliche Kind abschlägt.

Es ist gut, die Kinder von Zeit zu Zeit zusammenzufassen und eine Art kleines Schauspiel mit wenigen Akteuren vor ihren Augen zu inszenieren. Wer die mittlere Fahne zu fassen bekommt, ist Herr der Welt. Die vier Spieler in den Kreisen sind Herren eines Königreiches. Das fünfte Kind, das draußen steht, ist weniger und doch mehr als die vier, denn es kann Herr der Welt werden, obwohl es gar nichts besitzt. Die vier Könige müssen in ihrem Reich bleiben, bis sie abgelöst werden. Wenn man alles erreichen will, muß man vorher seine Sache auf das Nichts einstellen. Diese einfache Moral sollte nicht ausgesprochen, aber durch das Spiel selber den Kindern recht deutlich vor Augen geführt werden.

Schneidezeck

Das einfache Fangen mit Abschlagen wird dadurch erschwert, daß immer derjenige, der zwischen Fänger und Verfolgten durchläuft, von dem ersteren weiter verfolgt werden muß.

Dieses Spiel regt in einer ganz besonderen Weise zur Initiative an, und man sollte daher recht oft dem Kinde die Möglichkeit geben, es zu betreiben.

Bruder hilf

Eines der Kinder versucht, die anderen zu haschen. Wer einen anderen anfaßt, kann nicht abgeschlagen werden.

Es fördert den Gemeinschaftssinn und bringt die Kinder zueinander, wenn man ihnen Gelegenheit gibt, dem anderen zu helfen.

Dritten abschlagen

Zwei Kinder stehen immer hintereinander, alle zusammen bilden einen Kreis. Eine Zweiergruppe wird herausgenommen, einer ist der Läufer, der andere

Fänger. Stellt sich der Läufer vor ein Paar, dann muß der letzte weglaufen. Wird er mit Abschlag gefangen, dann geht es umgekehrt weiter.

Mit einer plötzlich veränderten Situation fertig zu werden, ist der eigentliche pädagogische Wert dieses Spieles, das im 9. Lebensjahr nicht versäumt werden sollte.

Wechselt die Bäumchen, eins, zwei, drei

Jedes Kind steht in einem kleinen Kreis, nur der Fänger steht außerhalb. Er klatscht dreimal in die Hände und ruft dabei:

Wechselt die Bäumchen, eins, zwei, drei!

Daraufhin müssen die alten Häuser verlassen werden, und jedes Kind versucht, ein frei gewordenes neues Haus zu erreichen. Wer zuerst ein solches betreten hat, hat das Vorrecht. Es gelingt selbstverständlich nicht allen Kindern sogleich, sich eine neue Wohnung zu beschaffen. Diese Augenblicke nutzt der Fänger aus, um soviel wie möglich abzuschlagen. Wer abgeschlagen ist, muß so lange draußen warten, bis ein neues Spiel beginnt. Die Häuser der Abgeschlagenen werden vom Fänger besetzt, der sie mit irgendeinem Gegenstand belegt. Der letzte darf neuer Fänger sein.

Bis zum 9. Lebensjahr haben viele Kinder das Verlangen nach einer nesthaften Geborgenheit. Erst dann durchschauen sie die Weltverhältnisse so, daß sie das Abenteuer suchen. Um diese Zeit muß auch das vorliegende Spiel gespielt werden, denn es gibt dem Kinde die Möglichkeit, Impulse zu entwickeln, die im Sinne seiner Fortentwicklung wirken.

Netzfangen

Zwölf bis fünfzehn Kinder bilden das große Netz, die übrigen sind die Fische, welche gefangen werden müssen. Gelingt es den beiden Endspielern, das Netz zu schließen und einen geschlossenen Kreis um einen oder mehrere Fische zu machen, dann sind diese gefangen.

Beim Anblick des großen Netzes bekommen manche Kinder eine gewisse Furcht, die tief im Unterbewußtsein schlummert. Sie wollen sich nicht in den

Maschen verstricken oder rundum eingeschlossen werden. Das Umzingelt-werden ist ihnen unbehaglich, denn sie spüren, daß geistig gesehen tatsächlich eine solche Abschnürung vom Universellen erfolgt. Der imaginative und daher auf Wahrheit beruhende Charakter des Spieles wird hier besonders deutlich.

Einhorn

In einer Ecke des Spielplatzes haust das Einhorn, es hat eine leichte Gerte, die das Horn darstellen soll. Zu Beginn des Spieles tut es so, als ob es schläft, dabei schnarcht es, so laut es kann. Die übrigen Mitspieler necken das Einhorn mit folgendem Spruch:

> Einhorn Menemakel,
> Mach nicht so 'n Spektakel,
> Holschentrab, Holschentrab,
> Komm doch her und schlag uns ab.

Das Einhorn versucht, die Spottenden abzuschlagen. Wer berührt wird, muß das Einhorn mit einer Hand anfassen, jeder nachfolgende macht die Kette länger. Reißt die Kette ab, dann lassen alle schnell los und laufen zur Höhle, um nicht geschlagen zu werden, denn nur, wenn das Einhorn ganz ist, hat es Gewalt über die anderen. Man kann vorher beschließen, ob alle oder nur eine bestimmte Anzahl gefangen werden müssen.

Man kann den Kindern erzählen, daß das Einhorn mit seinem langen Horn recht böse ist, jeden mit seinem langen Horn aufspießen will und immer mehr haben möchte. Es ist eine Art Nimmersatt. Aber je mehr es fängt, um so unbeweglicher wird es. Diese Tatsache steht sehr anschaulich vor den Kindern und macht offenbar, daß man durchaus etwas einbüßen kann, wenn man etwas gewinnt.

Guten Morgen, Herr Nachbar

Die Kinder stehen im Kreis und fassen sich an. Eines steht außerhalb, es läuft hinter den anderen vorbei und gibt irgendeinem Kind einen Schlag auf den Buckel. Dieses läuft entgegengesetzt herum, bis sich beide treffen. Dann bleiben beide stehen und geben sich die Hand, wobei das abgeschlagene Kind sagt: Guten Morgen, Herr Nachbar, wie geht's, wie steht's? Auf Wiedersehen! Nach diesen Worten laufen beide in der alten Richtung weiter. Wer zuerst in die Lücke gelangt, hat seinen Platz, während der andere sich weiter wie vorher darum bemühen muß.

Wichtig ist bei diesem Spiel die kleine Pause der Besinnlichkeit, wenn die beiden Läufer zusammenkommen und sprechen müssen. Dieser kurze Augenblick stärkt das Selbstbewußtsein, weil das Kind dazu angehalten wird, für einen Moment zu sich selbst zu kommen.

Kette schmieden

Zehn bis zwanzig Kinder fassen sich an und sprechen folgenden Spruch, dabei werden acht kleine Schritte nach vorn gemacht:

> Eins, zwei, drei, ich gehe vor
> Durch das große Scheunentor.

Dann mit folgendem Spruch acht große schnelle Schritte nach rückwärts:

> Laufe rückwärts dann bis acht,
> In die Hölle, wenn es kracht.

Wer losläßt, muß ausscheiden. Die Kette hält, wenn sie dreimal nacheinander nicht gerissen ist.

Vom 9.–12. Lebensjahr wird dieses Spiel mit großem Einsatz gespielt. Es ist eine Art Probe, und wer diese bestanden hat, kann stolz darauf sein.

Geisterkönig

Teilnehmerzahl nicht mehr als etwa ein Dutzend. Alle fassen sich an. Der Geisterkönig steht in der Mitte. Er beginnt zu zählen: eins, zwei, drei . . . bis zehn, und spricht dann weiter: Alle Kinder müssen schlafen gehn. Jetzt hocken sich alle nieder und halten die Hände vor die Augen. Der Geisterkönig geht fortwährend um den Kreis herum und spricht dabei:

> Die Sonne scheint um Mitternacht,
> Der Geisterkönig ist erwacht,
> Komm mit, komm mit und reih dich ein,
> Darfst aber nicht der letzte sein.

Bei „Komm mit, komm mit und reih dich ein" holt sich der Geisterkönig seine Getreuen, indem er einen oder mehrere an der Schulter berührt. Die Betreffenden erheben sich und gehen so leise wie nur möglich hinter ihm her. Der Spruch wird so lange wiederholt, bis der Geisterkönig alle in sein Gefolge eingereiht hat, nur der letzte sitzt noch und schläft. Er muß allein aufwachen. Der Geisterkönig sagt für ihn den Spruch noch dreimal, und schläft der Betreffende dann noch immer, dann rufen alle laut:

> Schlafe, altes Murmeltier,
> Alle andern sind schon hier,
> Wärst du richtig aufgewacht,
> Wärst du König über Nacht.

Dann beginnt ein lustiges Fangenspielen, Fänger ist der letzte, der so lange ausgelacht wird, bis er einen abgeschlagen hat. Dann wird ein neuer Geisterkönig bestimmt. Es ist darauf zu achten, daß keines der Kinder aufblickt, ehe es vom Geisterkönig berührt wird. Wer vorzeitig die Augen aufmacht, wird von ihm fortgeschickt.

Man muß warten können, aber auch wissen, wann man zur rechten Zeit etwas zu tun hat. Nicht zu früh und nicht zu spät etwas tun, das ist eine Kunst, die auch dem Erwachsenen nicht ganz leicht fällt. Im 10. Lebensjahr ist das Kind gerade alt genug, einen solchen Impuls aufzunehmen. Mädchen können das im allgemeinen besser als Knaben, aber beide sind mit großer Erwartung bei diesem Spiel, wenn es mit dem notwendigen Ernst betrieben wird.

Die Hexe von Babylon

Die Kinder stehen im Kreis und fassen sich an. Die Hexe von Babylon hockt in der Mitte und hat einen kleinen Kreis um sich herum gezogen. Ihr Gegenspieler ist der Kasper Frohgemut, der sich außerhalb des großen Kreises befindet. Die Hexe von Babylon beginnt mit folgendem Spruch:

> Ich bin die Hexe von Babylon,
> Mich kennen alle Kinder schon,
> Ich mache alle Türen zu,
> Dann hab ich endlich meine Ruh,
> Will zählen meine Steinerlein,
> Drum muß ich ganz alleine sein.

Sie nimmt ein paar Steine in die Hand und prüft sie, als ob es lauter kostbare Edelsteine wären. Nachdem sie das getan hat, kommt der Kasper Frohgemut und sagt:

Hexe von Babylon, wie spät ist es?

Hexe: Es ist noch Zeit,
Drei Stunden vor der Ewigkeit.

Kasper: Hexe von Babylon, wie spät ist es?

Hexe: Es ist noch Zeit,
Zwei Stunden vor der Ewigkeit.

Kasper: Hexe von Babylon, wie spät ist es?

Hexe: Laß das sein,
Kommt keiner rein,
Auch du kommst nicht,
Du krummer Wicht.

Kasper: Der Kasper kommt, verlaß dich drauf,
Und er macht alle Türen auf.

Jetzt gilt folgende Regel: Der Kasper darf die Hexe abschlagen, wenn er von außen kommt und diese nicht in ihrem Kreis ist. Die Hexe darf den Kasper abschlagen, sobald sie gewahr wird, daß dieser von außen in den

Kreis hereinkommt, sie muß sich aber vorher in ihrem Kreis befinden. Die Aufgabe des Kaspers ist es, unter den Händen der Kinder, die den großen Kreis bilden, durchzuschlüpfen, an drei Kindern vorbeizulaufen und dann die Fassung des dritten und vierten zu lösen. Damit hat er eine Tür geöffnet. Über den äußeren Kreis hinaus darf die Hexe den Kasper nicht verfolgen. Hat der Kasper alle Türen von innen aufgemacht, dann sind alle frei. Er hat aber auch gewonnen, wenn er den inneren Kreis betritt, der von der Hexe bewacht wird und in dem sie ihre Schätze versteckt hält. Gelingt es der Hexe, den Kasper abzuschlagen, dann hat sie gewonnen.

Man kann den Kindern nicht sagen, daß alles Leben erstarren müßte, wenn die Welt nur von Maß, Zahl und Gewicht beherrscht würde. Was dann aus den Menschen würde, wird durch die Hexe veranschaulicht. Man kann durch Spiele wie dieses eine solche Wahrheit lebendig für die Kindesseele hinstellen und im erlebenden Tun nahebringen. Im 10. Lebensjahr ist das Kind für Probleme solcher Art außerordentlich aufgeschlossen.

Wassermann

Zwei gerade Striche, 15–20 Meter voneinander entfernt, markieren den Fluß. Die Kinder stehen an einem Ufer. In der Mitte bewegt sich der Wassermann und ruft:

> Ich bin der wilde Wassermann
> Und fange, wen ich fangen kann,
> Lauft, lauft, lauft.

Jetzt eilen alle Kinder hinüber. Wer abgeschlagen wird, hockt sich nieder, er ist in einen Kieselstein verwandelt worden und liegt nun tief unten im Flußbett. Das gleiche Schicksal erleidet derjenige, der nur einen Schritt nach rückwärts geht. Jedesmal sagt der Wassermann seinen Spruch, und jedesmal wechseln die Kinder das Ufer. Wenn ein Dutzend von ihnen abgeschlagen worden ist, hat der Wassermann die Partie gewonnen. Gelingt es jedoch den Kindern, einmal die andere Seite zu erreichen, ohne daß eines von ihnen gefangen wird, dann sind alle, die bis dahin verzaubert worden sind, frei, und der Wassermann hat verloren.

Den Kindern fällt es nicht schwer, sich einen richtigen Fluß vorzustellen. Auch der Wassermann wird durchaus als seelische Realität empfunden. Daß man von einem Ufer zum anderen im steten Wechsel sich hin und her bewegen muß, ist dem Kinde innerlich vertraut, denn alle organischen Prozesse enthalten ja diese Polarität. Einatmen, Ausatmen, Schlafen und Wachen, Tag und Nacht, Sommer und Winter, in solchen Gegensätzen bewegt sich das Leben. Aber es gibt auch Kräfte, die dem gesunden Wechsel entgegenstehen, ja stehen müssen, denn das Kind individualisiert sich daran. Ein Teil seines Wesens muß aus den organischen Prozessen herausfallen. Sowie es im Spiel zum Kieselstein wird und zu Boden sinkt, so treten Verhärtungsprozesse innerhalb seiner Körperlichkeit auf, damit es sich individualisieren kann. Aber auf der anderen Seite ruft gerade diese Tatsache das Kind dazu auf, eine größere Aktivität, eine persönliche Initiative zu entwickeln.

Siebenschläfer

Der Siebenschläfer liegt auf einer alten Matte, sein Reich ist abgegrenzt durch einen Kreis von sechs bis acht Meter Durchmesser. Die Kinder versuchen, die Matte des Siebenschläfers aus dem Kreis herauszuziehen. Er kann alle abschlagen, die sich im Kreis befinden. Hat man ihm die Matte ein Stück weggezogen, dann springt er auf und versucht abzuschlagen, wer in seiner Reichweite ist. Dann bringt er die Matte wieder in die Mitte des Kreises. Die anderen versuchen, ihn daran zu hindern, müssen aber aufpassen, daß er sie nicht zu fassen bekommt. Gelingt es ihnen, die Matte aus dem Kreis herauszuziehen, dann ist das Spiel zu Ende.

Das natürliche, gesunde Kind ist aktiv, es liebt die Tätigkeit als solche und verabscheut die Passivität. Tätigkeit ist sein Lebensinhalt. Der Faule hat keinen rechten Platz in seiner Sphäre, daher muß er gestört und aufgescheucht werden. Die Matte, auf der er sich ausruhen kann, also seine eigentliche Lebensgrundlage, soll ihm entzogen werden.

Wackermann, wehr dich

Ein gewöhnlicher Platz von mindestens 25 Meter Länge. Einer der Spieler muß den Platz überqueren. Er hat einen dicken Strick in den Händen, dessen freies Ende über die Schulter gelegt ist und noch etwa fünf Meter nachschleppt. Die Kinder dürfen mit den Füßen darauf treten, ihn aber nicht festhalten. Will der Wackermann sein Ziel erreichen, muß er sich umdrehen und sie verscheuchen. Wer abgeschlagen ist, muß ausscheiden. In einer festgelegten Zeit muß es dem Wackermann gelungen sein, den Platz zu überqueren, sonst hat er sein Ziel nicht erreicht.

Keiner entrinnt seiner Vergangenheit, auch Wackermann nicht. Vieles, was von gestern ist, durchkreuzt seine Zukunftsabsichten, aber er muß damit fertig werden und sich nicht von seinem Ziel abbringen lassen. Vom 9.–13. Lebensjahr hat dieses Spiel eine nicht zu unterschätzende Bedeutung, es kann aber auch von älteren Schülern gespielt werden.

Mohrenkönig

Die Kinder bilden einen Kreis, stehen aber so, daß man gut an zwei nebeneinander stehenden vorbei kann. In der Mitte befindet sich der Mohrenkönig, der den Kreis verlassen und wieder betreten muß. Läuft er zwischen zwei Spielern hindurch nach außen, dann müssen diese ihn verfolgen und auf alle Fälle verhindern, daß er wieder in den Kreis hinein kann, denn sonst sind sie seine Diener. Der Mohrenkönig will natürlich so viele Spieler wie möglich zu seinen Dienern machen. Wird er abgeschlagen, dann sind alle wieder frei, und es beginnt ein neues Spiel.

Es ist leichter, etwas zu verlassen oder aufzugeben, als sich etwas Neues zu erobern. In dieser Situation befindet sich das Kind etwa im 9.–10. Lebensjahr. Es verläßt die Sphäre seiner seelischen Geborgenheit und strebt in die Welt der räumlichen Dinge. Das vorliegende Spiel rechnet mit einer solchen Disposition und gibt ihm daher die Möglichkeit, in einer gesunden Weise mit sich fertig zu werden.

Vogelscheuche

Alle Spieler fassen sich an und bilden einen Kreis. In der Mitte steht ein Sprungständer mit einem alten Hut darauf. Es wird kräftig gezogen. Wer den Ständer berührt, muß den Hut aufsetzen und versuchen, die anderen abzuschlagen, die sofort das Weite suchen. Solange der Spieler mit dem Hut (die Vogelscheuche) den Ständer berührt, kann keiner zurückkehren. Sobald er ihn aber losläßt, können sich die anderen durch Berühren des Ständers retten. Ein anderes Freimal gibt es nicht. Die Vogelscheuche versucht, möglichst viele Spieler abzuschlagen. Sind alle Spieler am Freimal oder abgeschlagen, dann beginnt ein neues Spiel.

Wer so ungeschickt ist, daß er die Vogelscheuche berührt, muß deren Funktion übernehmen, d. h. er muß das Feld von ungebetenen Gästen freihalten. Den Kindern macht es großen Spaß, als Stare, Drosseln oder Spatzen die Vogelscheuche zu ärgern und schließlich durch Berühren des Ständers unter Beweis zu stellen, daß sie stärker sind.

Mützendieb

Einer der Mitspielenden trägt eine Pudelmütze. Er schlägt ab, sowiel er kann, und schickt seine Gefangenen in den „Backofen". Wird ihm die Mütze vom Kopf genommen, ohne daß der Dieb vorher von ihm berührt wurde, sind alle Gefangenen wieder frei. Der neue Besitzer der Mütze löst den alten ab. Gewonnen hat derjenige, dem es gelingt, alle übrigen in den Ofen zu werfen. Der Fänger hat einen kleinen Stock zum Abschlagen.

Die Mütze als Zeichen der Macht setzt voraus, daß man auch die notwendige Um- und Übersicht hat. Man muß einfach alles überschauen, sonst verdient man diese Macht nicht. Die Kinder passen gut auf, Spiel und Wirklichkeit vermischen sich bei ihnen. Der Mützenmann ist ihr Feind, dem man beikommen muß, vor allem, wenn es gilt, die eigenen Mitspieler aus dem Ofen herauszuholen.

Karnack, komm

In der Mitte eines Kreises von zehn Meter Durchmesser steht ein Bock, unter dem ein Spieler kauert. Es ist Karnack, der Zwerg, der seine Schätze, darunter eine Krone, bewacht. Wer sich auf den Bock setzt, ohne vorher abgeschlagen zu werden, ist König. Karnack hat nur innerhalb des Kreises Schlagrecht. Die Abgeschlagenen müssen ausscheiden und so lange warten, bis es einem gelingt, auf den Bock zu springen. Dann wird ein anderer Spieler zum Wächter bestimmt. Am Anfang gehen die Mitspielenden im Kreis herum und sprechen folgenden Spottvers:

Karnack, komm und wasche dich,
Böser Zwerg und hasche mich,
Sitze ich auf deinem Thron,
Hole ich mir meinen Lohn.

Mut und Besonnenheit, aber auch eine gewisse Geschicklichkeit und Übersicht gehören dazu, dieses Spiel durchzuführen. Aus diesem Grunde paßt es gut in das zehnte Lebensjahr, wo das Kind auch im Spiel eine Aufgabe lösen oder eine Probe bestehen will. Das aufkeimende Gefühl der Selbständigkeit wird mächtig angespornt, wenn es gilt, sich auf einen Thron zu setzen, um Macht und Reichtum zu gewinnen.

Vogel fliege und komm wieder

Einer der Mitspielenden ruft mit lauter Stimme: Vogel, fliege und komm wieder! Mit diesen Worten wirft er einen Tennisring möglichst weit fort. Die anderen laufen hinterher. Wer ihn bekommt, sagt wieder, indem er den Ring fortwirft: Vogel, fliege und komm wieder! Wer geworfen hat, braucht nicht mehr zu laufen. Ist schließlich nur noch ein Werfer und ein Läufer übrig, dann sagt der Werfer: Vogel, fliege und fang mich! Dann muß der letzte hinter dem Ring herlaufen, ihn auf den Kopf legen und, ohne ihn fallen zu lassen, einen anderen Spieler abschlagen. Gelingt ihm das, dann beginnt ein neues Spiel.

Während alle anderen das Ding weitergeben durften, bleibt es am letzten haften. Er muß nun ganz besonders geschickt sein, um davon loszukommen. Oft dauert es ziemlich lange, bis ihm ein Abschlag gelingt, und nicht selten fällt ihm der Ring vom Kopf; dann muß er ihn wieder auflegen und darf während dieser Zeit keinen abschlagen. Die anderen hänseln ihn ständig, aber er kann es ihnen nicht so heimzahlen, wie er es wohl möchte. Diese Diskrepanz gibt dem Spiel eine eigene Note und verursacht viel Heiterkeit.

Wer erlöst mich?

An einem Ende eines Spielfeldes von 20×25 Metern ist ein Viereck, am
anderen steht ein Sprungständer (Baum). Am Rande ist ein Gefängnis. Einige
Spieler sind Fänger und befinden sich im Feld, die anderen sind Läufer und
sind im Viereck. Das Viereck ist ein Haus, in dem es sich herrlich wohnen läßt.
Eine Bedingung aber ist daran geknüpft. Einmal im Jahr muß man das Haus
verlassen und den Baum aufsuchen, dessen Früchte einen jung erhalten. Der
Weg dahin ist ungefährlich, der Rückweg aber um so schwieriger, denn jetzt
können die Fänger ihr Spiel treiben. Wer von ihnen abgeschlagen wird, muß
ins Gefängnis. Wem es gelingt, ungehindert zurückzukehren, der hat ein
Leben. Er muß es aber sofort abgeben, wenn einer seiner Brüder im Gefängnis
sitzt. Zusammen mit den Befreiten nimmt er am Spiel wieder teil. Folgende
Grundregel ist zu beachten: Keiner der Läufer darf einen Schritt nach rückwärts tun, sonst ist er ein Gefangener. Das Spiel geht so lange weiter, bis die
Fänger eine vorher festgelegte Anzahl von Gefangenen gemacht haben.

*Bei diesem Spiel sind die Kinder am glücklichsten, wenn sie jemanden erlösen
dürfen. Dieser Aspekt scheint der wichtigste zu sein. Man lebt nicht für sich
und um seines Vorteils willen, und wenn man erlebt hat, wie kindliches Tun
ganz zentrale Kräfte im Menschen wachrufen kann, wird man kaum noch
bezweifeln, daß es nicht in erster Linie auf Kraft und Geschicklichkeit ankommt, sondern auf den seelischen Impuls, der beides auslöst. Hat man dieses
einmal begriffen, dann weiß man auch, wo man beginnen muß, um den jungen
Menschen lebenstüchtig und stark zu machen.*

Räuber und Prinzessin

Wir alle erinnern uns daran, mit welcher Leidenschaft wir dieses Spiel betrieben haben. Es gehört zum ewigen Bestand einer frohen Jugend und ist
dabei so einfach. Die Räuber markieren ihre Höhle durch ein geräumiges

Viereck. Die Prinzessinnen bewohnen ein Schloß und zeichnen auf der anderen Seite des Spielplatzes einen Kreis von etwa 20 Meter Durchmesser. Aufgabe der Räuber ist es, eine Fahne zu berühren, die in der Mitte des Kreises steht und nur von einer einzigen Spielerin bewacht wird, die die Räuber im Kreis abschlagen darf. Die anderen Spielerinnen müssen den Kreis verteidigen. Sie können zwar in ihn hinein, dürfen dort aber keinen Räuber abschlagen. Jeder Räuber kann durch einfachen Abschlag außer Gefecht gesetzt werden, nur in seiner Höhle ist er sicher. Die Prinzessinnen haben das Spiel gewonnen, wenn es ihnen gelingt, eine vorher festgelegte Anzahl von Räubern festzunehmen. Sie haben es verloren, wenn einer der Räuber bis zur Fahne vordringt.

Die Räuber stoßen gegen das Zentrum vor, den Prinzessinnen gehört der Umkreis. Aus dieser Dynamik erwächst das Spiel und entstehen die Spielcharaktere, je nachdem, auf welcher Seite man sich befindet. Zentrum oder Peripherie, männliches Prinzip oder weibliches, Erde oder Kosmos, beide gehören zusammen, beide stehen in einem Verhältnis zueinander, und das vorliegende Spiel bringt die Wesensart dieser beiden Prinzipien in einer wunderbaren Einfachheit zur Darstellung. Im 11. Lebensjahr hat das Kind ein ganz besonderes Verhältnis zu dieser Kräftekonstellation. Man sollte dieses Spiel daher in einem genügenden Umfange betreiben.

Bauernfänger

Räuber (mit einer Zipfelmütze), Ritter (auf dem Pferd, d. h. auf Huckepack) und Bauern sind die Akteure dieses Spieles. Die Bauern sind wehrlos, sie können von den Räubern gefangen werden, aber die Ritter helfen ihnen. Es sind drei Male notwendig: eine Burg, ein Dorf und eine Räuberhöhle. Der Weg der Bauern führt zur Burg, der Weg der Ritter zum Dorf, aber die Räuber lauern sie unterwegs auf und überfallen die Bauern. Wer abgeschlagen wird, muß in die Höhle. Die Ritter können den Räubern die Zipfelmütze wegnehmen und sie damit unschädlich machen, aber nur, wenn sie beritten sind. Auf- und absitzen können sie nur in der Burg, müssen sie im Feld absitzen, sind sie gefangen. Ein Räuber zählt soviel wie zwei Bauern. Sind entweder fünf Räuber oder zehn Bauern gefangen, dann ist das Spiel zu Ende. Es empfiehlt sich, nach jedem Spiel die Rollen zu tauschen.

Es ist etwas sehr Verschiedenes, ob man als Ritter, als Räuber oder als Bauer in der Welt steht, einmal mehr von oben herab, mehr bestimmend und Direk-

tive ausstrahlend oder in der Einfalt des Bauern die dienende Rolle übernehmend oder mehr willenshaft chaotisch den Räuber darstellend. Im Spiel in diese drei Seelenelemente einzutauchen und sich je nach der Rolle, die man spielt, zu verwandeln, kann für Kinder im 11. Lebensjahr von großer Bedeutung sein, denn erst von diesem Alter an beginnen im jungen Menschen Denken, Wollen und Fühlen als Kräfte des eigenen Innern bewußt zu werden.

Krähenkönig

In einem Kreis von zehn Meter Durchmesser liegen eine Anzahl Gegenstände. Zwei Spieler befinden sich in dem Kreis. Jeder hat ein Band um die Stirn und am Hinterkopf eine Feder. Die beiden beobachten sich scharf, denn jeder ist darauf bedacht, möglichst viele Gegenstände aufzuheben. Wenn sich einer danach bückt, muß er aufpassen, daß ihm nicht die Feder weggenommen wird, sonst hat er verloren. Es gewinnt, wer die meisten Gegenstände in seinen Besitz bringen kann.

Es kommt auf scharfes Beobachten und schnelles Zupacken an. Beides sind Eigenschaften, die im 11. Lebensjahr eine Rolle spielen, denn jetzt erwacht das Kind für seine Umgebung und entwickelt einen gesunden Egoismus, der durch Spiele solcher Art in einer heiteren Weise ausgelebt werden kann.

Türkenschlacht

Zwei Parteien stehen sich in einer Entfernung von 20 Metern gegenüber. Jede Partei hat einen Sultan gewählt, der durch ein um den Kopf gewickeltes Tuch kenntlich gemacht wird. Gelingt es dem Sultan einer Partei, über die feindliche Mallinie zu gelangen, ohne daß ihm sein Turban vorher abgenommen wird, dann hat die betreffende Partei gewonnen.

Ehe nicht der Sinn für persönliche Verantwortung im Kinde wachgeworden ist, hat es keinen Zweck, dieses Spiel zu betreiben. In der Spanne zwischen dem 11. und 12. Lebensjahr aber sollte es nicht fehlen, denn es verbindet zwei wesentliche Momente, den kämpferischen Einsatz des einzelnen, der nach vorn gerichtet ist, mit der ständigen Bereitschaft, etwas, was mehr ist als man selbst, zu verteidigen. Der Spieler darf sich also nicht allzusehr in der Aggression verlieren, sondern muß auch darauf bedacht sein, eine Beschützerrolle zu übernehmen; dadurch lernt er, sich für etwas einzusetzen, ohne sich zu verlieren.

Läufer und Fänger

Zwei Kreise von etwa drei Meter Durchmesser sind zehn Schritte voneinander entfernt. In dem einen befindet sich der Fänger, in dem anderen der Läufer. Der Läufer hat die Aufgabe, den Kreis des Fängers zu besetzen, wenn dieser draußen ist. Der Fänger muß seinen Gegner abschlagen, wenn er gewinnen will. Zieht der Läufer sich in seinen Kreis zurück, dann muß der Fänger das gleiche tun.

Dieses Spiel muß mit Witz und Geistesgegenwart betrieben werden. Man sollte es als heitere Einlage bei passender Gelegenheit herausstellen.

Drachenspiel

Die Spieler fassen sich an und bilden einen Kreis. Vier von ihnen sind ausgewählt worden, davon ist einer der Drache. Die anderen sind die drei Prinzen oder die drei Brüder. Sie befinden sich außerhalb des Kreises und müssen versuchen, durch drei verschiedene „Türen" hineinzugelangen und durch Händegeben einen Kreis zu bilden. Gelingt es dem Drachen, innerhalb des Kreises einen abzuschlagen, dann hat er das Spiel gewonnen.

Ein altes Motiv klingt hier an, die Dreiheit in der Einheit. Wir denken an Körper, Seele und Geist. Wenn diese drei Prinpizien im Sinne einer gesunden Ordnung zusammenwirken, müssen die Gegenkräfte das Feld räumen.

Zauberzeck

Ein Platz von mindestens 20×30 Metern. Jeder vierte Spieler bekommt einen nicht zu langen Zweig, das sind die Zauberer. Sie versammeln sich in der Mitte und machen allerlei Hokuspokus. Dann laufen sie auseinander und versuchen, die anderen mit ihrem Stöckchen zu berühren. Die Verzauberten müssen sich hinhocken. Sie können aber von einem Freien durch Abschlag erlöst werden. Innerhalb einer festgelegten Zeit müssen die Zauberer alle verbannt haben, sonst haben die anderen gewonnen.

Im 11. Lebensjahr lesen die Kinder außerordentlich gern Geschichten von Zauberern. Was liegt dem zugrunde? Wenn Geistiges zu Stofflichem wird, dann wird es verzaubert. Die Seele des Kindes steht in diesem Alter vor ähnlichen Problemen. Sie gerät immer mehr in Abhängigkeit von der physischen Leiblichkeit, und damit erwacht die Begierdennatur. Diese wird durch die Zauberer dargestellt. Sie versuchen, die freie Beweglichkeit, die im Grunde genommen ätherischer Natur ist, durch Berühren mit dem Stab in Starre und Leblosigkeit zu verwandeln. Nur durch brüderliche Hilfe kann man aus diesem Zustand heraus.

Ballkönig

In einem Kreis von sechs bis acht Meter Durchmesser ist ein Spieler. Die anderen stehen außen herum und versuchen, den Mittelspieler mit einem Ball zu treffen. Er kann ausweichen oder fangen. Hat er gefangen, dann ist der Werfer sein Gefangener. Er muß so lange ausscheiden, wie der Mittelspieler an der Reihe ist. Wird er abgetroffen, dann beginnt derjenige, dem der Abschuß gelungen ist, ein neues Spiel. Wer die meisten Bälle gefangen hat, hat die meisten Gefangenen gemacht und wird zum Schluß zum Ballkönig erklärt.

Für das Kind ist es etwas Ähnliches, unter Kameraden in den Mittelpunkt gestellt zu werden, wie später im Leben für den Erwachsenen, wenn er in den Mittelpunkt der Öffentlichkeit gestellt wird. Hier und dort ist man Angriffen ausgesetzt, und man muß sich behaupten, indem man dasjenige, was auf einen zukommt, mit sicherem Zugriff unter die eigene Kontrolle bekommt. Das, was einem sonst schaden könnte, wird so zu einem Gewinn. Diese alte Lebensweisheit spricht unverkennbar aus diesem Spielgedanken.

Meisterdieb

Zwei Reihen von Spielern stehen etwa 20 Meter voneinander entfernt. In der Mitte liegt ein Tuch. Die beiden ersten jeder Reihe treten bis auf einen Schritt an das Tuch heran und warten auf das Zeichen des Schiedsrichters. Wer das Tuch als erster berührt, muß es nehmen und über die eigene Linie bringen; wird er dabei von seinem Gegner abgeschlagen, gehört diesem das Tuch. Man kann seinen Gegner täuschen und absichtlich vorbeigreifen, es gibt eine ganze Menge Tricks und Täuschungsmanöver. Jeder macht es anders, aber einer wird immer das Nachsehen haben. Es ist für alle sehr interessant, wie jeder Spieler es anstellt, zu seinem Vorteil zu gelangen.

Im 9.–11. Lebensjahr erwacht in dem Kinde ein natürlicher Egoismus, es wird berechnend, listig, verschlagen und schlau. Dieses alles paart sich mit einer innerlichen Beweglichkeit und Anpassungsfähigkeit, die man als merkurial bezeichnen kann. Merkur ist der Gott der Diebe, in Wahrheit ist er der Regler von Kräften, die in Übereinstimmung mit dem Lebensstrom ein gesundes Selbstempfinden erzeugen. Gesund sind durchaus auch Begehrungen, die auf den Leib gerichtet sind, also mit Essen, Trinken usw. im Zusammenhang stehen. Das gesunde Kind soll daher mit Freude und wirklichem Interesse für das Wohlergehen des Leiblichen besorgt sein. Es steckt in ihm schon ein kleiner Meisterdieb, einer, der auf seine natürlichen Vorteile bedacht ist. Ein Spiel wie das vorliegende gibt dem Kinde Gelegenheit, die Möglichkeit des Abwegigen, die durchaus in dieser Tatsache auch liegen kann, im Rahmen eines harmlosen Geschehens in sinnvoller Weise auszuleben.

Dreiländerspiel

Drei Parteien von gleicher Spielstärke werden durch Binden deutlich gekennzeichnet und haben an verschiedenen Ecken eines nicht zu kleinen Platzes ihr Mal. Nennen wir die drei Parteien nach den Farben ihrer Binden die rote, die grüne und die blaue Partei. Es gilt folgende Regel: Rot schlägt grün, grün schlägt blau, blau schlägt rot. Jede Partei nimmt die Gefangenen zu sich in das Lager. Wer zuerst sechs Gefangene gemacht hat, hat ein Spiel gewonnen. Dann werden die Male gewechselt, und ein neues Spiel beginnt. Jede Partei zählt die Anzahl der gewonnenen Spiele.

Vor dem 11. Lebensjahr ist das Kind noch viel zu sehr in sich versponnen, als daß es mit derart komplizierten Verhältnissen fertig werden könnte, wie sie in diesem Spiel geboten sind. Aber mit dem Erwachen des eigenen Denkens beginnt es, Situationen zu durchschauen, die kompliziert und vielgestaltig sind. Gerade dieses Spiel verlangt von dem Kind eine ganze Menge. Es muß in einer dreifachen Weise die Aktionen auf dem Spielfelde aufnehmen, verstehen und sich danach einrichten. Dieser Vielschichtigkeit sind manche Kinder am Anfang nicht gewachsen, aber es tut ihnen außerordentlich gut, derartiges eine Zeitlang mitgemacht zu haben, besonders in einem Alter, wo es noch nicht zu spät ist, einer gewissen Eingleisigkeit erfolgreich zu begegnen.

Zentaurspiel

Ein Fluß wird durch zwei Striche angedeutet. Eine Anzahl Zentauren tummeln sich darin, seltsame Wesen, halb Mensch, halb Pferd. Jedes wird dargestellt durch zwei Kinder, von denen eines das andere so um die Hüfte faßt, daß die Hände vorn gefaltet werden. Es darf auf keinen Fall loslassen, sonst ist es „tot". Alle übrigen Spieler sind zunächst auf einer Seite, dann müssen sie auf die andere Seite des Flusses, dürfen sich aber nicht abschlagen lassen. Wer fünfmal den Fluß durchquert hat, ist frei. Werden zehn Spieler abgeschlagen, dann haben die Zentauren gewonnen, sind vorher fünf Spieler frei, dann haben die Zentauren verloren.

Das Wesen des Zentauren besteht darin, daß es nur zu einem Teil die Senkrechte beherrscht, der andere Teil seines Wesens ist noch an die Waagerechte gebunden. Ihm fehlt also das Gefühl des Aufrechten als totales Körpererlebnis. Das Kind empfindet in einem bestimmten Alter eine Verwandtschaft zu diesen Fabelwesen, es lebt in einer seelischen Sphäre, für die das Bild des Zentauren eine Art Symbol ist. Ein Teil seines Wesens lebt schon im Verstand, ein anderer träumt noch in bewegten Bildern. Begegnet das Kind im Spiel diesen Wesen, dann begegnet es sich im Grunde selbst und erwacht daran.

Dreimal herum

An jeder Ecke eines Vierecks von 20×20 Metern befindet sich ein Freimal, in der Mitte wird ein Kreis von fünf Meter Durchmesser gezogen. Die Spieler werden gleichmäßig auf die vier Male verteilt und haben die Aufgabe, in entgegengesetzter Richtung des Uhrzeigers von Mal zu Mal zu laufen. Wer zuerst dreimal herum ist, ohne von den vier Wächtern, die vor den Malen stehen, abgeschlagen zu werden, hat gewonnen. Jeder Gefangene muß in den Kreis. Die vier Wächter dürfen den Kreis nicht betreten.

Daß man nicht stehenbleiben darf, sondern weiterkommen muß, ist für das Kind vor dem zehnten Lebensjahr noch nicht aktuell. Von diesem Zeitpunkt an aber erwacht das Gefühl dafür sehr stark in ihm.

Freilaufen

Die Mitspielenden stehen bis auf einen nebeneinander. Dieser ist der Herr, die anderen sind die Sklaven. Alle Sklaven halten die Hände hinter dem Rücken, denn der Herr geht hinter ihnen vorbei und legt irgendeinem eine weiße Bohne in die Hand. Dann geht der Herr nach vorn. Ist er zwanzig Schritte von der Reihe entfernt, ruft er laut:

> Bohne, Bohne, eins, zwei, drei,
> Komm zu mir und du bist frei.

Der Spieler, welcher die Bohne hat, kann nun sofort weglaufen und dem Herrn die Bohne bringen. Er kann sich aber auch verstellen und so tun, als hätte er die Bohne nicht. Jedenfalls muß er aufpassen, daß er von den anderen nicht abgeschlagen wird, denn alle sind hinter ihm her und wollen verhindern, daß er dem Herrn die Bohne übergibt. Schlägt jemand einen Falschen ab, muß er ausscheiden. Nach einem mißglückten Versuch bekommt ein anderer die Bohne.

Wenn dieses Spiel richtig gespielt wird, gehört es zu den spannendsten überhaupt. Es muß allerdings mit einem gewissen Zeremoniell durchgeführt und ganz aus der Spielidee heraus erlebt werden.

Leibwächterspiel

Ein Pascha hat drei Leibwächter, die sein Leben schützen müssen. Er selbst darf sich nicht verteidigen. Die Räuber wollen sein Leben, um Lösegeld zu erpressen. Gelingt es dem Sultan, seine Stadt (das Spielfeld) zu durchqueren, ohne berührt zu werden, hat er das Spiel gewonnen. Die Räuber, die von seinen Leibwächtern abgeschlagen werden, müssen ausscheiden. Wird der Sultan abgeschlagen, dann wird der sein Nachfolger, dem dies gelungen ist. Er darf sich dann seine Leibwächter selbst aussuchen.

Es empfiehlt sich, dieses Spiel durch eine farbige Erzählung auszuschmücken.

58

Zaubertopf

In der Mitte eines von den Kindern gebildeten Kreises liegt ein umgestülpter Topf, daneben liegt ein faustdicker Stein. Topf und Stein werden von einem davorhockenden Spieler, dem Zwerg, bewacht. Außerhalb des Kreises befinden sich drei Tiere: ein Fuchs, ein Esel und eine Maus. Alle drei wollen das haben, was sich unter dem Topf befindet. Sie müssen aber zu diesem Zweck mit dem Stein fünfmal auf den Topf schlagen, der Zwerg zählt die Schläge. Nun gilt aber folgende Regel: der Esel schlägt den Fuchs, der Fuchs frißt die Maus, die Maus schreckt den Esel. Außerhalb des Kreises sind alle in Sicherheit, innerhalb desselben aber muß jeder aufpassen, daß er nicht von dem, der das Schlagrecht hat, berührt wird. Wer fünfmal auf den Topf schlägt, bekommt einen Wunschring, der unter dem Topf liegt.

Der ganzen Anlage nach gehört das Spiel in das elfte Lebensjahr. Es fordert sehr viel Geistesgegenwart, Spielwitz und Geschicklichkeit. In seiner Problemstellung wird es von den Elfjährigen innerlich voll erfaßt, denn die Welt des Elementarischen steht ihm noch sehr nahe.

Pudelspiel

Hinter einem Feld von 10×20 Metern befinden sich die Spieler an der einen Schmalseite, bis auf drei, die im Feld sind und versuchen, die anderen abzuschlagen. Die Läufer laufen quer durch das Feld auf die andere Seite und sind dann frei. Die Abgeschlagenen müssen sich hinhocken (Pudel). Aufgabe der freien Spieler ist es, die Pudel durch einfachen Abschlag zu erlösen. Sie können dabei zur alten Linie zurück, wenn sie in Gefahr sind, selbst abgeschlagen zu werden. Zum Schluß müssen alle Spieler hinter der anderen Linie sein. Sind keine abgeschlagen oder alle wieder erlöst worden, dann haben die Läufer den Durchgang gewonnen. Ist dieses nicht der Fall, dann haben, nach einer bestimmten Zeit, die Fänger gewonnen. Nach jedem Durchgang werden drei neue Feldspieler bestimmt.

Für das 11. Lebensjahr ist dieses Spiel wie geschaffen, denn es bietet einen besonderen Anreiz dadurch, daß die Pudel ja erlöst werden müssen, und jeder überlegt sich genau, wie er dieses wohl am geschicktesten anfangen kann. Phantasie und Findigkeit werden angeregt, und das sind in diesem Alter Kräfte, die als Entwicklungstendenzen nicht fehlen dürfen. Wagemut und

Klugheit werden benötigt, und die Freude der Kinder ist groß, wenn sie endlich erreicht haben, daß alle wieder beieinander sind.

Höhlenbär

In einem Rechteck von 8×12 Metern steht ein Bock. Er befindet sich in der Nähe der einen Schmalseite. Oben darauf liegt ein Medizinball. Unter dem Bock sitzt der Höhlenbär. Die Spieler stehen hinter der anderen Schmalseite. Sie versuchen der Reihe nach, den Medizinball mit einem kleineren Ball herunterzuwerfen. Ist dieses geschehen, dann versuchen alle, die bis dahin geworfen, aber nicht getroffen haben, die andere Schmalseite zu erreichen. Der Höhlenbär versucht nun, so schnell wie möglich den Medizinball wieder auf den Bock zu legen und abzuschlagen, wen er erreichen kann. Wer von ihm berührt wird, muß ausscheiden. Die anderen können außen herum zur Wurflinie zurück und zählen ihre Wege. Der letzte darf immer so oft werfen, bis er getroffen hat. Schließlich wird der Höhlenbär alle abgeschlagen haben. Wer am häufigsten das Bärenfeld durchquert hat, ist Sieger.

Dieses Spiel muß mit Phantasie gespielt werden. Der Höhlenbär bewacht gleichsam einen Schatz, dem seine ganze Liebe und Aufmerksamkeit gilt. Dieser ist sein Idol, für das er lebt und stirbt. Gelingt es einem Spieler, dieses ins Wanken zu bringen, dann gerät der Höhlenbär in Angst und Zorn. Auf der anderen Seite ist die Schadenfreude groß. Einen wirklichen pädagogischen Wert hat das Spiel erst dann, wenn durch die Phantasie des Kindes eine echte Dramatik entsteht.

Turmbrecher

Sieben Angreifer sind mit Wurfgeschossen beliebiger Art, Tennisringen, Hölzern usw., ausgestattet und versuchen der Reihe nach, einen etwa zehn Schritt entfernten Turm aus drei Holzwürfeln von etwa zehn Zentimeter Kantenlänge zum Einsturz zu bringen, der von einem Wächter bewacht wird. Gelingt es den Werfern, ihr Geschoß zurückzuholen, ehe der Wächter mit dem Aufbau des Turmes fertig ist und sie abschlagen kann, dann haben sie einen Sturmlauf erfolgreich bestanden. Wer abgeschlagen wird, darf seinen Lauf nicht zählen. Wird der Turm bei einem Durchgang von allen Angreifern verfehlt, dann beginnt ein neues Spiel mit einem neuen Wächter. Die Reihenfolge ist vorher festgelegt. Jeder Werfer muß beim Treffer laufen und mit ihm diejenigen, die vor ihm an der Reihe waren, aber vorbeigeworfen haben. Wer zum Schluß die meisten Läufe hat, ist Sieger. Eine beliebte Form des Spieles ist das Schleudern eines Tennisringes gegen den Turm mit Hilfe eines Stockes am Boden entlang. Es werden allerdings glatte Böden dafür benötigt.

Der Charakter des Geschicklichkeitsspieles ist unverkennbar, aber ebenso ein persönlicher Einschlag. Der Turm soll zum Einsturz gebracht werden, und zugleich muß auch der Wächter überwunden werden. Hier stehen sich zwei Prinzipien gegenüber. Aus einer erwachenden Selbständigkeit heraus fühlt sich das Kind veranlaßt, die alte Form zu zerstören, damit es aus eigener Kraft etwas unternehmen kann.

Sautreiben

Die Sau ist ein Stoffball von etwa zehn Zentimeter Durchmesser. Dieser liegt in einer Vertiefung oder einem Kreis, dem Pott. Acht Spieler halten einen Knüppel in den Kreis und gehen herum. Jeder paßt auf, was der erste tut, denn dieser darf die Sau aus dem Loch schlagen. Dann versuchen alle, eines der sieben Häuser zu besetzen, die sieben Schritte vom Pott entfernt rundherum angebracht sind. Jedes Haus besteht aus einem Kreis von einem Meter Durchmesser. Da es aber acht Spieler sind, bleibt einer übrig, das ist der Sautreiber. Seine Aufgabe ist es, die Sau wieder in den Pott zu bekommen. Die anderen versuchen alles, um das zu verhindern, sie müssen aber aufpassen, daß der Sauhirte nicht ihr eigenes Haus besetzt, wenn sie draußen sind. Wer kein Haus mehr hat, ist Sauhirte. Gelingt es schließlich einem, die Sau in die Mitte zu treiben, dann hat er gewonnen.

Hier werden wir an ein altes Märchenmotiv erinnert, den Sauhirten, der später König wird, nachdem es ihm gelungen ist, die Prinzessin zu erlösen. Der etwas derbe Ausdruck kann uns nicht daran hindern, in der Sau die menschliche Seele zu erblicken, die anfangs mit den Urkräften vereinigt war, dann aus diesem Bereiche herausgestoßen wurde, um später, nach Kampf und Überwindung, wieder mit ihm vereinigt zu werden. Der Ursprung dieses Spiels geht in das Altertum und wird kaum zu ermitteln sein. Sicher aber ist ein solches Spiel nicht irgendwie erdacht, sondern weisheitsvoll konzipiert worden.

Jägerball

Zehn bis fünfzehn Spieler gehören zu einer Partei. Das Feld ist ein Quadrat von etwa 25×25 Metern. Einer ist der Jäger. Er darf sich vier Gehilfen aussuchen. Diese müssen ihm den Ball immer so zuwerfen, daß er das Wild gut treffen kann. Jedes Kind darf vorher sagen, welches Tier es sein will. Vor jedem Wurf muß der Ball gefangen werden. Das Laufen mit dem Ball ist verboten. Wer getroffen ist, scheidet aus. Der letzte darf nicht abgeworfen werden, er hat das Spiel gewonnen.

Die Jägerballspiele haben für das 11. Lebensjahr eine besondere Bedeutung, denn sie helfen, jenen Umschwung vom Bildhaft-Imaginativen zum Ideell-Gegenständlichen einzuleiten, der jetzt notwendig erfolgen muß. Sinnesschärfe und Genauigkeit kennt das Kind vor dem 11. Lebensjahr noch kaum. Mit dem Erwachen des Intellekts aber will es die Einstellung zum Detail. Es lenkt seinen Blick auf die Einzelheit und will sie gedanklich bestimmen. Dasselbe tut es, nun aber mit dem ganzen Menschen, wenn es den Gegner ins Auge faßt, um ihn abzuwerfen.

Der wilde Jäger

Der wilde Jäger hat eine Anzahl Knechte, die ihm seine Zauberkugel (Handball) zuwerfen. Wer von dieser getroffen wird, muß sich an der Stelle hinhocken, wo ihn das Schicksal ereilt hat. Gelingt es aber einem besonders Mutigen und Tapferen, diese Kugel zu fangen, dann ist der ganze Spuk vorbei, und die Verzauberten sind erlöst. Die Knechte dürfen nicht werfen, sondern müssen ihrem Herrn und Meister den Ball zuspielen. Vor jedem Wurf muß der Ball gefangen werden.

Viele Kinder verlernen es nie, einen unbewußten Schrecken zu empfinden, wenn ein etwas schärfer geworfener Ball auf sie zukommt. Statt dem Verhängnis mutig ins Auge zu sehen, ziehen sie den Kopf ein und fügen sich dem unvermeidlichen Fatum. Dadurch, daß der Mut hier in diesem Falle belohnt wird, daß die Getroffenen erlöst werden und der Zauberer verschwinden muß, fühlt sich doch manches Kind aufgerufen, etwas zu wagen. Das Ansprechen der Mutkräfte in dieser phantasievollen Weise hat gegen Ende des elften Lebensjahres eine Bedeutung.

Schwarz und weiß

Fünfzehn Spieler befinden sich in einem Feld von 25×25 Metern. Alle bis auf einen haben weiße Taschentücher um den Oberarm. Das sind die Weißen. Der Schwarze, der Spieler ohne Armbinde, geht in die Mitte des Spielfeldes, wirft einen Ball in die Höhe und fängt ihn. Seine Aufgabe ist es, die anderen abzutreffen. Ist er allein, dann darf er sich nur dann von seinem Platz fortbewegen, wenn der Ball in der Luft ist. Hat er ihn dann gefangen, darf er abwerfen. Wenn einer getroffen ist, löst er die Binde ab und gehört damit zu den Schwarzen. Die letzteren spielen sich den Ball zu und versuchen, durch Abwurf der Weißen ihre Zahl immer mehr zu vergrößern, bis schließlich keiner mehr übrigbleibt. Allerdings muß dieses in einer vorher festgesetzten Zeit, etwa zehn Minuten, geschehen. Wer nach Ablauf dieser Frist noch zu den Weißen gehört, hat gewonnen.

Diese Form des Jägerballspieles ist für alle, die zu der weißen Partei gehören, sehr spannend und aufregend, denn jeder möchte nach Ablauf der zehn Minuten noch zu denen gehören, die unbesiegt sind. Wer vorher abgeworfen wurde, setzt dagegen seinen ganzen Ehrgeiz daran, zu erreichen, daß möglichst viele sein eigenes Schicksal teilen.

Fuchsjagd

Zwei Parteien von sechs bis acht Spielern befinden sich in einem Spielfeld von 25×25 Metern. Die eine Partei hat weiße Armbinden und ist damit als Jäger gekennzeichnet, die anderen sind die Füchse. Die ersteren zählen jeden Treffer, die letzteren jeden Fehlwurf. Die Partei, die als erste zehnmal erfolgreich war, hat gewonnen. Dann werden die Rollen getauscht. Vor jedem Treffer muß der Ball gefangen werden. Das Laufen mit dem Ball ist verboten.

Dieses Spiel setzt schon große Fertigkeiten voraus. Neben dem geschickten Zuspiel über das ganze Feld ist das Ausweichen von entscheidender Bedeutung. Es erzieht zu einem schnellen Erfassen der Situationen und damit zu einer Einstellung auf den Gegner, die im hohen Maße individualisierend wirkt. Weiß man, daß der Gegner einen schlecht oder kaum zu treffen vermag, dann hat man auch keine Angst mehr vor ihm und gewinnt dadurch an Freiheit und Selbständigkeit. Es kann für das ganze spätere Leben nach dieser Richtung hin etwas bedeuten, wenn man als Kind gelernt hat, sich durch

schnelles und sicheres Reagieren zu behaupten. Leider hat die heutige Jugend
es weitgehend verlernt, jene Geschmeidigkeit aufzubringen, die notwendig ist,
um als ganzer Mensch in der Wirklichkeit zu stehen.

Nachtwanderer

Für dieses Spiel braucht man eine Halle und viele Geräte, die kreuz und quer
durcheinanderstehen. Es können beliebig viele Kinder beschäftigt werden.
Eines ist der Wanderer. Dieser geht von einem Ende der Turnhalle zum
anderen, und während dieser Zeit rührt sich kein Kind vom Fleck. Der Wanderer spricht wohl zu dem einen oder anderen und sagt ihm, das ist aber eine
schöne Tanne oder ein bunter Vogel, eine Blume, ein Schmetterling oder dergleichen. Jedes Kind ist für ihn ein Stück Natur. Wenn sich jemand während
dieser Phase des Spieles bewegt oder lacht, muß er ausscheiden. Endlich kann
der Wanderer nicht mehr weiter, denn die Turnhalle ist zu Ende. Jetzt muß
er umkehren. Von diesem Augenblick an wird es Nacht. Nun werden aus den
Kindern Kobolde, Trolle, Elfen usw., die allerlei seltsame Bewegungen
machen und den Nachtwanderer zu erschrecken suchen. Er will ihrer habhaft
werden, aber das gelingt ihm kaum, denn nur, wer mit seinen Füßen die Erde
berührt, kann abgeschlagen werden. Wer also auf eine Matte springt, sich auf
ein Sprungbrett stellt, am Reck hängt, ein Stück die Kletterstange hinauf-
klettert, ist tabu. Sind sechs gefangen, ist das Spiel zu Ende. Es ist strikt darauf
zu achten, daß während der ganzen Zeit absolutes Stillschweigen gewahrt
bleibt.

Der Tag gehört der äußeren, die Nacht der inneren Wirklichkeit, dem Reich
der Phantasie, der Träume, der Seele oder des Geistes, wie man will. Die
Kinder empfinden es als richtig, daß da, wo vorher Blumen waren, später
Elfen, Trolle usw. auftreten. Die kindliche Phantasie erlaubt sich solche
Sprünge nach dem Gesetz einer beweglichen Metamorphose, die alles Ge-
schaffene umspannt und innerlich durchdringt. Im Zentrum unseres Wesens
sind wir mit jedem Ding verbunden.

Barlauf

Ein Spielfeld von 30×30 Metern. Hinter zwei gegenüberliegenden Seiten stehen die beiden sich bekämpfenden Parteien. Eine Partei hat Lockrecht, d. h. einige laufen zuerst ins Feld. Wer später ins Feld läuft, hat Schlagrecht. Wer abgeschlagen wird, muß ans feindliche Mal, das durch einen Stein oder sonstwie markiert wird und sich etwa drei Schritte vor der Grundlinie befindet. Sind drei Spieler einer Partei gefangen, dann ist ein Spiel beendet. Die beiden Parteien wechseln die Spielfeldhälften, und ein neues Spiel beginnt. Folgende Regeln sind zu beachten: Gefangene Spieler bilden eine Kette und können durch einfaches Berühren erlöst werden. Bei jeder Spielunterbrechung gehen sofort alle Spieler zur eigenen Grundlinie zurück. Die Partei, welche einen Vorteil erkämpft hat durch Gefangennahme eines Gegners oder Erlösen eines Gefangenen, hat Lockrecht.

Barlauf ist das Laufspiel schlechthin. Es verhilft dem Schüler, sich in einer möglichst zweckmäßigen, zielbewußten und erfolgreichen Weise zu bewegen. Die hohe Geschicklichkeit und außerordentliche Wendigkeit veranlassen, daß das Kind in einer gesunden Weise von seinem Körper Besitz ergreift.

Himmel und Erde

Ein Ball wird über eine Leine geworfen, die so hoch sein muß, daß der beste Springer unter den Mitspielenden sie gerade noch mit den Fingern berühren kann. Die Gegenspieler auf der anderen Seite müssen den Ball fangen und wieder zurückwerfen. Die Größe der beiden Spielfeldhälften richtet sich nach der Anzahl der Spieler. Im Gegensatz zu der allgemein üblichen Spielweise, die unter dem Namen „Ball über die Schnur" bekannt ist, wird hier nicht nach Punkten gezählt. Wer einen Fehler macht, muß ausscheiden. Ist eine Partei so dezimiert, daß nur noch ein Spieler da ist, dann kann dieser das Spiel unentschieden gestalten und damit seine Partei retten, wenn er dreimal hintereinander den Ball fängt. Außerdem gelten noch folgende Regeln: Es muß immer derjenige fangen, der am günstigsten zum Ball steht, tut er dies nicht, dann muß er das Spielfeld verlassen, falls sein Ball zu Boden geht. Fehler sind außerdem noch das Berühren der Schnur, das Werfen unterhalb der Schnur sowie ein Ausball.

Wir haben es bei diesem Spiel mit einer Urform des Ballspieles überhaupt zu tun. Das Hin und Her hat etwas an sich vom Aus- und Einatmen oder von rhythmischen Prozessen schlechthin. Es übt daher eine beruhigende Wirkung auf den Schüler aus. Hat man eine sehr unruhige oder gar chaotische Gruppe vor sich, dann betreibe man dieses Spiel. Die Wirkung ist überzeugend. Hier darf aus der Erfahrung heraus noch hinzugefügt werden, daß im 12. und 13. Lebensjahr das Bedürfnis nach dieser Art der Betätigung über alles Erwarten groß ist. Das liegt einerseits an der harmonisierenden Wirkung dieses Spiels, zum anderen aber auch an seiner Konzeption, denn jeder möchte allzugern einmal der letzte sein, um eventuell seine Partei durch dreimaliges Fangen zu retten oder gar durch Ausspielen der Gegner ihr noch zum Sieg zu verhelfen. Im 12. und 13. Lebensjahr will das Kind gewisse Persönlichkeitswerte durch seine Gliedmaßenbetätigung herausarbeiten. Dieser Tendenz kommt das vorliegende Spiel sehr entgegen. Es hat seine größte Wirkung, wenn man es im 12. Lebensjahr beginnen läßt, dann aber im Verlauf des 13. Lebensjahres durch Steigerung der Schwierigkeiten, also Fangen mit einer Hand oder gar direktes Zurückschlagen, zu einer gewissen Artistik steigert. Die dafür aufzubringende Beweglichkeit teilt sich dem ganzen Wesen als integrierender Bestandteil mit.

Völkerball

Zwei Parteien haben die Aufgabe, sich in benachbarten Feldern gegenseitig abzuwerfen. Ein Hintermann sorgt dafür, daß der Ball für die eigene Partei immer wieder zurückkommt. Wer abgeworfen wird, muß zum Hintermann. Durch Abwerfen eines Gegners kann er wieder ins Spiel. Sind alle Spieler einer Partei abgeworfen, tritt der Hintermann, auch toter Mann genannt, in Funktion. Er hat drei Leben.

Nicht umsonst ist Völkerball eines der bekanntesten und beliebtesten Spiele für Knaben und Mädchen zwischen dem 11. und 13. Lebensjahr. In diesem

Alter beginnt der Mensch, sich mit seiner Umwelt, vor allem aber mit dem persönlichen Gegner auseinanderzusetzen. Er will sich mit seinesgleichen messen. Der Sinn für den Menschen und das Menschliche ist erwacht. Was daher vom Gegner auf ihn zukommt, ist interessant, es ist ein Problem, mit dem er fertig werden muß, zu dem er die richtige Einstellung finden muß. Fängt er den Ball, dann ist es gut, fängt er ihn nicht, dann hat er versagt, und der andere ist stärker als er. Im 11. Lebensjahr überwiegt manchmal noch etwas die Angst vor dem Ball, im 13. die Freude am Abwerfen. Daran zeigt sich ein Stück gesunder Entwicklung.

Glückskugelspiel

Von etwa zwanzig Mitspielenden werden fünf als Fänger bestimmt. Ihre Aufgabe ist es, die übrigen durch Abschlag mattzusetzen. Ein Freimal gibt es nicht, aber unter die Weglaufenden werden fünf „Glückskugeln" (Bälle) verteilt; wer eine solche in der Hand hält, kann nicht abgeschlagen werden. Ist jemand in Gefahr, dann wird ihm die Glückskugel zugeworfen. Normalerweise bleiben zum Schluß noch die fünf übrig, die einen Ball haben. Sie sind die neuen Fänger.

Wenn man in Bedrängnis ist, dann hat man bei diesem Spiel die Möglichkeit, gleichsam Hilfe „von oben" zu empfangen, vorausgesetzt, man ist geschickt genug, den zugespielten Ball auch wirklich zu fangen. Das ist, wenn man von seinen Verfolgern hart bedrängt wird, nicht immer ganz einfach. Im zwölften Lebensjahr kann ein solches Spiel viel dazu beitragen, dem Kinde die notwendige Übersicht zu geben, nach der es jetzt verlangt.

Indisch-Kriegen

Bis auf zwei stehen alle im Kreis und fassen sich an. Einer von den beiden muß den anderen abschlagen. Es gilt folgende Regel: Der Läufer darf den Kreis verlassen und wieder hinein, wie es ihm gefällt. Der Fänger darf nur hinaus; will er in den Kreis hinein, dann muß er einem Kreisspieler einen Schlag auf den Rücken geben, damit jener die Verfolgung an seiner Stelle aufnimmt. Er selbst nimmt den freigewordenen Platz ein. Wird der Läufer abgeschlagen, dann wechseln Fänger und Läufer die Rollen.

Durch das Ablösen bekommt dieses Spiel eine frische Note. Man muß als Kreisspieler gut aufpassen und stets im Bilde sein. Diese Wachheit ist im zwölften Lebensjahr gerade das rechte, denn jetzt muß das Kind lernen, sich den räumlichen Verhältnissen ganz anzupassen.

Die feindlichen Brüder

Die zwei feindlichen Brüder sind durch einen Strick, etwa zwei Meter lang, den sie in einer Hand halten, miteinander verbunden. Jeder hat einen Korb in der freien Hand. Auf dem Boden liegen zehn bis fünfzehn Bälle oder Tennisringe, es können auch andere Gegenstände sein, die sie in die Körbe hineintun müssen. Zu diesem Zweck müssen sie diese auf den Boden stellen, um eine Hand freizubekommen. Hat der eine das getan, dann zieht selbstverständlich der andere, umgekehrt genauso. Es gibt die komischsten Situationen. Das Spiel ist aus, wenn alle Gegenstände in den Körben sind. Sieger ist, wer die meisten hat.

Alle Ring-, Zieh- und Schiebekämpfe wirken auf das Ego und stärken das Selbstgefühl. Sie sind nicht zu entbehren, denn der heranwachsende Mensch muß seine Eigenheit voll entwickeln, er soll auch auf seinen Vorteil bedacht sein. Daß es aber auch Situationen geben kann, in denen dieses zur Lächerlichkeit und zum Spott führt, weil ein gewisses Maß an Egoität überschritten wird, kann zur Freude aller Zuschauer hier demonstriert werden. Die persönliche Habsucht wird bloßgestellt. Das Ziehen und Zerren, Wollen und nicht Können, besonders wenn es mit einer gewissen Verbissenheit praktiziert wird, wirkt auf alle Umstehenden im höchsten Maße belustigend. Es ist ein Unterschied, ob man seine Kräfte in den Dienst der gemeinen Habsucht stellt oder in echter Art darum bemüht ist, Mut, Kraft und Geschicklichkeit um ihrer selbst willen zu erwerben. Es empfiehlt sich, Spiele wie dieses nach einer anstrengenden Arbeit folgen zu lassen.

Ballschießen

Drei Schritte von einer Wand entfernt wird ein Zeichen gemacht. Etwa acht Schritte entfernt und parallel zur Wand wird eine Linie gezogen. Hinter der Linie stehen die Spieler, die der Reihe nach versuchen, einen möglichst großen und gutspringenden Ball, der mit voller Wucht senkrecht auf den markierten Punkt geworfen wird, mit einem kleineren Ball in der Luft zu treffen. Der Spieler, der den Ball zu Boden wirft, muß jeweils in die Hocke gehen. Nachdem alle einmal geworfen haben, kommt der nächste Spieler dran, um den Prellball in die Höhe zu befördern. Wer die meisten Treffer hat, ist Sieger.

Das Treffen eines beweglichen Zieles erfordert höchste Aktivität. Man muß innerlich mit dem steigenden und fallenden Ball mitgehen und seine Dynamik erleben, sonst gewinnt man keine Einstellung zum Zielobjekt. Der geeignete Treffpunkt ist der Moment, in dem der Prellball seine höchste Höhe erreicht hat. In diesem Augenblick befindet er sich gleichsam in der Schwebe. Auftrieb und Schwerkraft halten sich die Waage. Stellt sich das Kind darauf ein, dann lernt es, innerlich etwas zu erfassen, was als eine Art Kraft der Mitte angesprochen werden kann. Im 12. Lebensjahr kann es für das Kind etwas bedeuten, ein solches Phänomen in sein Bewußtsein hineinzunehmen.

Luftball

Jeder Spieler hat einen leichten Plastikball und muß ihn solange wie möglich in dauernder Bewegung halten, ohne daß er den Boden berührt. Man kann den ganzen Körper zu Hilfe nehmen, Arme und Beine, Kopf und Schulter. Wer den Ball am längsten in Bewegung halten kann, ist König.

Jeder, der mit seinen Schülern dieses Experiment einmal gemacht hat, wird überrascht sein, festzustellen, wie schlecht es geht. Die meisten haben zunächst überhaupt keine Einstellung dazu. Es ist eine Eigenart der heutigen Jugend, in ihrem Körper wie in einem Gehäuse zu stecken. Viele sind mit neun oder zehn Jahren schon Miniaturausgaben von fertigen Erwachsenen mit bestimmten Gewohnheiten, die sich kaum noch verändern. Dadurch aber wird der Lebenskreis des heranwachsenden Menschen ungeheuer eingeschnürt, denn jedes Ding und jede Situation sollten das Kind veranlassen, eine ganz spezielle Einstellung dazu zu finden, damit es den Weltinhalt in seiner unterschiedlichen Qualität voll in sich aufnehmen kann. Ein Ball in der Luft ist etwas anderes als ein Ball auf der Erde oder einer, den man fängt und wieder fortwirft. Das Verhältnis zur Welt ist ganz einfach ein verschiedenes, je nachdem, was man tut. Und zwischen dem 7. und 14. Lebensjahr ist das Kind daraufhin ver-

anlagt, diese Verschiedenartigkeit bis in die Fertigkeit, bis in die Gewohnheit in sich aufzunehmen, damit es ihm später nicht an einem praktischen Weltverhältnis fehlt.

Hänschen, fall nicht

Hänschen ist eine Puppe, die aus einem einfachen Stück Stoff besteht, das an einer Stange befestigt ist. Man zeichnet auf die Erde ein Kreuz und stellt die Stange genau auf den Schnittpunkt. Einer der Spieler muß sie senkrecht halten, die anderen stehen rundum. Nun hat aber jeder Spieler zwei kleine Kreise, von denen sich der eine drei Meter und der andere sechs Meter von der Stange entfernt befindet. In dem äußeren Kreis liegen ein Dutzend Gegenstände, die so schnell wie möglich in den kleineren Kreis gebracht werden müssen. Es kann fortwährend gelaufen, aber nur ein Gegenstand darf jedesmal mitgenommen werden. Nachdem der Standspieler ausgelost worden ist und alle außer ihm ihren inneren Kreis bezogen haben, ruft der erstere z. B.: Heiner, fall nicht! Nach diesen Worten läßt er die Stange los und läuft zu seinem äußeren Kreis, um den Gegenstand nach innen zu bringen. Der Gerufene läuft schleunigst an die fallende Stange, fängt sie auf, bringt sie in die Senkrechte und nennt einen anderen Namen. Wer die Stange fallen läßt, muß laut „halt" rufen, dann bleiben alle stehen, und der Betreffende bekommt zur Strafe drei neue Gegenstände in den äußeren Kreis. Dann richtet er die Stange auf, und das Spiel geht weiter wie vorher. Gewonnen hat derjenige, der zuerst alle Gegenstände in seinem inneren Kreis hat.

In jedem Kinde steckt der gesunde Ehrgeiz, der Erste, der Beste, der Schnellste und Geschickteste zu sein. Dieser Tendenz wirkt aber eine andere entgegen, nennen wir sie das Pflichtbewußtsein. Mit zwölf Jahren erst kann man damit rechnen, vorher ist das Kind noch zu wenig in sich gefestigt. Der fallende Stock, an den man immer denken muß, der ja nicht fallen darf, sondern stets in die aufrechte Lage gebracht werden muß, steht als etwas Zentrales und Wichtiges den eigenen Absichten, die auf persönliche Vorteile ausgerichtet sind, im Wege. Aber gerade dieses, immer wieder auf etwas Zentrales achtgeben zu müssen, stärkt die Ichkräfte und wirkt moralisch kräftigend auf das Gesamtempfinden zurück.

70

Tretballzeck

Hinter der Schmalseite eines Feldes von 25×40 Metern stehen acht Spieler. Einer von ihnen legt sich den Ball zurecht, geht einige Schritte zurück und befördert ihn dann mit einem kräftigen Fußtritt so weit wie möglich. Sobald er den Ball weggeschossen hat, dürfen seine Mitspieler und er ins Feld laufen und versuchen, die acht Spieler der Gegenpartei abzuschlagen. Jene müssen den Ball so schnell wie möglich über die Mallinie zurückwerfen. In diesem Augenblick pfeift der Schiedsrichter. Wer bis dahin abgeschlagen war, verliert einen Punkt an den Gegner. Dann beginnt ein neues Spiel, und der nächste kommt mit dem Schießen dran. Die Parteien wechseln, wenn die Feldpartei den Ball über die Linie zurückwerfen kann, ehe einer abgeschlagen worden ist. Sämtliche Abschläge einer Partei werden zusammengezählt.

Es kann, vom Pädagogischen her gesehen, nicht der geringste Zweifel darüber bestehen, daß der Fußtritt als solcher im seelischen Bereich Wirkungen auslöst, die ein Entfesseln der Leidenschaften zumindest begünstigen. Aber dieses braucht nicht unbedingt etwas Schädliches zu sein. Es gibt eine Entwicklungsphase, ungefähr um das zwölfte Lebensjahr, da hat der Knabe das Bedürfnis, einmal kräftig mit den Füßen loszuschlagen. Es hängt dieses mit dem Erwachen des Intellektes zusammen. Kopf und Wille stehen im ursächlichsten Zusammenhang miteinander. Das Denken erzeugt Gegenwirkungen auf der Seite des Willens. Leibabbauende und leibaufbauende Tendenzen müssen sich die Waage halten. Fängt der junge Mensch an zu denken, dann will er auch seine Füße spüren. Dieser Richtung kommt das vorliegende Spiel entgegen. Darüber hinaus ist die Konzeption des Spieles überaus sinnvoll, denn während die eine Partei durch den Fußtritt tatsächlich wie entfesselt sich auf die andere stürzt und sie abschlagen will, versucht die andere, das Unheil möglichst rasch zu bannen und entweder wegzulaufen oder den „Unheilsträger", den mit dem Fuß geschossenen Ball, über die Mallinie zurückzuwerfen. Damit bekommt das Spiel etwas wie ein inneres Gleichgewicht. Angriff und Verteidigung stehen in einem solchen Verhältnis zueinander, daß gute Spielmöglichkeiten sich entwickeln können.

Wurfball

In einem Spielfeld von 20×40 Metern befindet sich ein Sprungständer. Hinter diesem steht ein Spieler mit einem Fangnetz. Zu seiner Partei gehören noch sieben andere, die über das Spielfeld verteilt werden. Die Gegenpartei besteht aus ebenso vielen Spielern und nimmt hinter der einen Schmalseite Aufstellung. Es wird der Reihe nach geworfen, wobei jeder versuchen muß, die Stange zu treffen. Gelingt dies einem Spieler, dann kann er den Wurf so oft wiederholen, wie er einen Treffer erzielt. Wer danebenwirft, muß sich das Wurfrecht zu einem neuen Wurf mit einem Lauf durch das Spielfeld zur anderen Seite und zurück erkämpfen. Die Gegenpartei versucht, den Läufer innerhalb des Feldes abzuwerfen, kann dies aber nur, wenn der Ball mit dem Fangnetz vorher gefangen worden ist. Ist das nicht der Fall, bekommt er das Wurfrecht sozusagen geschenkt. Mit dem Ball darf nicht gelaufen werden. Ist ein Spieler abgeworfen, wechseln die Parteien. Nur die Treffer werden gezählt. Sieger ist, wer die meisten hat.

Dieses Spiel hat den Vorzug, daß das Zielen, Werfen, Treffen und Fangen im Mittelpunkt stehen, was sich in einer günstigen Weise auf das Selbstgefühl auswirkt. Man muß einmal erlebt haben, wie befriedigt ein Schüler ist, wenn er den Pfahl ein oder gar mehrere Male hintereinander getroffen hat. Daß man den Fehlwurf durch einen Lauf wieder gutmachen muß, entspricht einer gesunden Spiellogik, ebenso aber auch, daß man das aufzugreifen hat, was einem zugespielt wird. Läßt daher der Spieler mit dem Fangnetz den Ball durchgehen, dann hat er für sich und seine Mitspieler eine Chance verpaßt. Man sollte den Kindern im 12. Lebensjahr Gelegenheit geben, dieses Spiel so lange zu betreiben, bis der Wille, einen Treffer zu machen, vom Unterbewußtsein aufgenommen worden ist; es muß den Spieler gepackt haben. Man wird dann bemerken, daß die Einstellung zum Objekt willenshaft gestrafft worden ist. Damit aber ist auch das Verhältnis des Kindes zur Umwelt direkter geworden.

Springball

Teilnehmerzahl: 6–8. Ein leichter Plastikball, möglichst glatter Boden und zwei Kreise in konzentrischer Anordnung von 1 und 3,50 Meter Durchmesser. Es stehen sich immer zwei Spieler gegenüber, deren Aufgabe es ist, den Ball mit der offenen Hand in dem kleinen Kreis zum Aufprallen zu bringen, der Gegner tut dasselbe. Der erste Ball wird geworfen und dem Gegner zugespielt, die nächsten Bälle werden placiert. Ungültig sind alle Bälle, die mehr als einmal im Mittelkreis aufkommen oder solche, die über den äußeren Kreis hinausspringen. Nach dem Aufprallen in der Mitte kann der Ball sofort wieder zurückgespielt werden, er muß es aber nach einmaligem Aufprallen zwischen den Kreisen. Wer einen Fehler macht, scheidet aus und läßt den nächsten dran. Der Sieger hat Angabe. Wer die meisten Siege hat, hat gewonnen.

Vom 12. Lebensjahr an spielen Jungen und Mädchen dieses Spiel sehr gerne. Es ist ein reines Geschicklichkeitsspiel, das technisch gesehen keine besonderen Ansprüche stellt. Vom 12. Lebensjahr an gewinnt der Mensch ein persönliches Verhältnis zur Erde, zum Boden, auf dem er steht, und zu sich selbst. Sein Denken bekommt einen Zug ins Nützliche, Praktische, Reale. Dieser Tendenz kommt das Spiel entgegen, denn der Ball muß ja immer wieder bewußt in den zentralen Kreis hineingespielt, d. h. gelenkt und unter Kontrolle gehalten werden.

Kreishockey

In einem Abstand von etwa 40 Metern werden zwei Löcher ausgehoben, die einen Durchmesser von 30 Zentimetern und eine Tiefe von 10 Zentimetern haben. Mit vier Meter Radius wird um jedes Loch ein Kreis gezogen. Zwei Parteien von je sieben Spielern nehmen in ihrer Hälfte Aufstellung. Nach dem Bully versucht jede Partei, sich die Kugel zuzuspielen und in das gegnerische Loch zu befördern. Keiner darf den Kreis betreten. Erst wenn die Kugel im Kreis liegenbleibt, darf ein Hinterspieler hinein und sie wieder ins Spiel bringen. Wird eine Kugel ins Loch gespielt, dann zählt das als Treffer. Man sollte den Schülern gleich klarmachen, daß es nicht um Tore, sondern um Treffer geht.

Das Hockeyspiel taucht schon im Altertum auf. Die Spielregeln kennen wir allerdings nicht. Nach dem „großen Vorbild" des Fußballspiels hat man auch das Spiel mit den krummen Stöcken mit Toren versehen. Aber weil das für den Schlußspieler gefährlich werden kann, sah man sich gezwungen, ihn zu panzern. Ein Spiel, das mit solchen Gefahren verbunden ist, gehört nicht in die Jugendarbeit. Es wäre aber schade, wenn unsere Kinder darauf verzichten sollten, einer Beschäftigung nachzugehen, die in einer ganz hervorragenden Weise geeignet ist, die Geschicklichkeit auszubilden.
Man muß das Spiel entschärfen, und das geschieht durch die Kreise und durch die Vertiefungen. Der Spielcharakter wird dadurch ein völlig anderer. Den Abschluß bildet kein rücksichtsloser, hartgeschlagener Torschuß, sondern ein behutsames Führen des Balles, der nur so viel Fahrt mitbekommen darf, daß er im Zentrum liegen bleibt.

Abgesehen von rein pädagogischen Erwägungen scheint es viel sinnvoller, daß die Kugel, nachdem vorher um sie gekämpft worden ist, endlich doch einen Platz finden muß, an dem sie als ruhender Pol liegenbleiben kann. Die Kindesseele weiß mit einem solchen Bilde etwas anzufangen, sie ahnt aus dem Unterbewußten heraus, daß auch der Mensch erst dann sein Ziel erreicht, wenn es ihm gelingt, zum ruhenden Mittelpunkt des eigenen Wesens vorzudringen. In diesem kommen die divergierenden Kräfte des Seelischen zur Harmonie, nachdem sie vorher im Kampf miteinander gestanden haben.

Ringhockey

Zwei Mannschaften zu je fünf Spielern. Jeder hat einen Stock, der an beiden Enden stumpf sein muß. Ein Tennisring und ein Spielfeld mit glattem Boden, etwa 10×25 Meter, sind notwendig. An beiden Enden des Spielfeldes sind je zwei Kreise angebracht von 0,5 und 3 Meter Durchmesser. Jede Partei muß sich den Ring so zuspielen, daß er zuletzt im kleinen Kreis der gegnerischen Hälfte liegenbleibt. Die Kreise dürfen nur dann von einem Spieler der eigenen Partei betreten werden, wenn der Ring darin zur Ruhe gekommen ist. Wird ein Treffer erzielt, dann wird der Ring von dem größeren Kreis aus wieder ins Spiel gebracht.

Die Technik dieses Spieles ist sehr einfach. Man läuft mit dem Tennisring am Boden geschickt an den Gegenspielern vorbei und spielt den Ring so zu, daß er möglichst zu einem der Mitspielenden der eigenen Partei gelangt. Da das Führen und Zuspielen des Ringes keine besonderen Schwierigkeiten bereitet, ist die geschickte Laufarbeit entscheidend. Geschicklichkeit und geschmeidige Bewegungsführung können in einem erstaunlichen Umfang erworben werden, wenn das Spiel genügend oft betrieben wird. Eine natürliche Pause und damit ein beruhigendes und harmonisierendes Moment tritt immer dann ein, wenn einer der Spieler an den großen Kreis gelangt ist und jetzt mit großer Behutsamkeit verfahren muß, denn er muß ja dem Ring genau die Fahrt geben, die notwendig ist, damit er in dem kleinen Kreis zur Ruhe kommt.

Eishockey

Ein krummer Stock, ein Stückchen Holz und Schlittschuhe, mehr ist nicht notwendig, um sich auf dem Eis nach Herzenslust zu tummeln. Einen Torwart braucht man nicht. Die zwei Steine, Mützen oder Mäntel, die das Tor markieren, werden von demjenigen bewacht, der gerade in der Nähe ist. Das Holz darf nicht in das Tor geschossen, sondern muß mit dem Stock hineingespielt werden.

Jedem gesunden Jungen sollte man das Vergnügen gönnen, in dieser Weise seiner Beschäftigung auf dem Eise nachzugehen. So wenig das Torhüterspiel auch sonst zu empfehlen ist, so sehr ist es hier zu befürworten. Ein Stückchen Holz am Gegner vorbei durch zwei markierte Punkte hindurchzuspielen, erfordert in diesem Falle so viel Geschick und ist außerdem so vielen unberechenbaren Zufällen ausgesetzt, daß es immer eine Menge Aufregungen und Überraschungen gibt. Zwischen dem 10. und 13. Jahr ist das beste Alter dafür. In dieser Zeit hat alles noch Grazie und Phantasie. Später kann das Eishockeyspiel zu einer grausamen Barbarei ausarten und ist tunlichst zu vermeiden. In einer Zeit, da das Kind mit seiner Körperlichkeit ein Verhältnis zur Welt herzustellen versucht, kann es ungemein belebend und im besten Sinne erzieherisch für die Gesamtverfassung sein, wenn es lernt, sich auf der glatten Eisfläche zu behaupten.

Brennball

Wir sind gewohnt, das Brennballspiel im Freien zu spielen, gewöhnlich mit Schlagball und Schlagholz über gewisse Entfernungen. Man kann es aber auch in relativ kleinen Räumen betreiben. Dazu braucht man einen leichten Plastikball, ein Spielfeld von nicht mehr als zwanzig Meter Länge und ein Sprungbrett. Die beiden Parteien bestehen aus sechs bis acht Spielern. Das Brennmal (Sprungbrett) ist ungefähr sechs Meter von der Basis entfernt. Die Freimale befinden sich an den Ecken des Spielfeldes. Es wird ausgelost, welche Partei zu laufen hat und welche sich im Feld befindet. Jeder Läufer wirft sich den Ball selbst ein, indem er ihn senkrecht fallen läßt und nach dem Aufprallen mit der Faust in das Feld befördert. Mißlingt der erste Schlag, dann darf er wiederholt werden, mißlingt auch der zweite, dann muß der Schläger warten, bis ein gültiger Schlag erfolgt. Alle Spieler der Feldpartei werfen den Ball so schnell wie möglich zum Brenner, der ihn auf das Brett wirft. Wer in diesem Augenblick im Felde und nicht im Freimal sich befindet, ist verbrannt und scheidet aus. Eine Partei ist ausgehungert, wenn alle Spieler verbrannt sind. Jedes Herumkommen wird gezählt. Gelingt es einem Schläger, mit seinem Ball eine ganze Runde zu machen, dann sind alle bis dahin Verbrannten frei und können weiter mitspielen.

Zwischen zwölf und vierzehn Jahren ist das Brennballspiel für Mädchen ganz besonders wertvoll, weil es Impulse anregt, die sonst im Gefühlsleben leicht verschlafen werden können. Manches Mädchen entwickelt die Tendenz, eine eigene Gefühlswelt aufzubauen, die in keinem Verhältnis zur äußeren Wirklichkeit steht. In dieser Phase der Entwicklung ist es gut, einen gewissen Einsatz zu verlangen, der in einer bestimmten Zeit erfolgen muß, damit ein festgelegtes Ziel erreicht werden kann.

Schlagball

Ein rechteckiges Feld von etwa 50 Meter Länge wird gezeichnet. Zwei Malstangen, fünf Meter auseinanderstehend, werden sechs Meter vom hinteren

Ende des Spielfeldes entfernt aufgestellt. Die Wurfpartei schlägt den Ball mit einem Schlagholz ins Feld. Wer geschlagen hat, muß einen Lauf zu den Malstangen und zurück machen. Neues Schlagrecht erhält man nach einem Lauf. Die Läufe einer Partei werden zusammengezählt. Die Feldpartei versucht, den Läufer abzuwerfen, mit dem Ball darf aber nicht gelaufen werden. Wird der Ball ins Schlagmal zurückgeworfen, müssen die Läufer stehenbleiben. Bei jedem Treffer ist Malwechsel. Treffen und Fangen mit einer Hand werden auch als Punkte gewertet. Die Schlagfolge wird festgelegt. Wer danebenschlägt, kann bei einem günstigen Schlag mitlaufen.

Von allen einsichtigen Pädagogen ist immer wieder festgestellt worden, daß die erzieherische Bedeutung des Schlagballspieles nicht hoch genug veranschlagt werden kann. Das Schlagen, Fangen, Werfen, Ausweichen, das Einordnen in die Mannschaft, nicht zuletzt aber auch der Lauf und der damit verbundene persönliche Einsatz, ein Ziel unter Gefahren zu erreichen, das alles vermittelt Persönlichkeitswerte, auf die eine gesunde Erziehung einfach nicht verzichten kann. Ein Weitschlag oder eine Kerze, das Fangen des Balles über eine weite Distanz, geschicktes Einkreisen, aber auch ein enttäuschender Querwurf bewirken eine Erlebnisspanne, die kaum ein anderes Spiel in solcher Differenzierung und Vielschichtigkeit erzeugen kann.
Erzieht das Fußballspiel zu groben Gefühlsballungen, so bewirkt das Schlagballspiel eine feine Differenzierung seelischer Qualität. Daß es heute in Vergessenheit geraten ist, liegt aber keineswegs an der Jugend, die es erfahrungsgemäß genauso gern spielt wie ehedem, sondern einzig und allein an den Schulen, die seinen pädagogischen Wert nicht richtig einschätzen.

Der schnelle Fritz

Etwa fünf Schritte von einem Kreis mit vier Meter Durchmesser entfernt steht ein Sprungständer. Die Spieler werfen der Reihe nach einen Ball innerhalb des Kreises mit voller Wucht auf den Boden, laufen um den Ständer und zurück und müssen den Ball noch springend in die Hand bekommen. Von einem Schiedsrichter ist inzwischen die Anzahl der Hupfer gezählt worden. Bekommt der Läufer seinen Ball nicht mehr „lebend" in die Hand, dann muß er ausscheiden. Das gleiche gilt für den Fall, daß der Ball den Kreis verläßt, ehe der Läufer ihn wieder erreicht hat. Es werden fünf oder mehr Durchgänge vereinbart. Wer dann die geringste Zahl der Hupfer hat, hat gewonnen. Jeder Hupfer zählt ein Jahr, wer die meisten hat, ist Großvater.

In diesem Spiel begegnet man gewissermaßen seiner eigenen Tat. Hat man nicht genug Kraft in sie hineingelegt, dann bleibt auch nicht mehr viel von ihr übrig, wenn man zurückkehrt. Aber die Kraft allein tut es nicht. Schnelligkeit und Geschicklichkeit gehören zum Ausnutzen der Situation noch dazu, damit sie zum Erfolg führt. Im 13. Lebensjahr erst beginnt der Schüler ein solches Verhältnis zum eigenen Tun zu entwickeln, weil er jetzt erst seine Eigenwesenheit in einem genügend starken Maß abgrenzen kann und deshalb in ihm das Bedürfnis entsteht, sich individuell auswirken zu wollen. Ein Spiel wie dieses kann die natürliche Entwicklungstendenz in einer förderlichen Weise zum Bewußtsein bringen.

Fangreifenlauf

Zwei Sprungständer, verbunden durch eine Schnur in mindestens zwei Meter Höhe, teilen ein Spielfeld in zwei Quadrate von etwa 8 × 8 Metern. In jeder Spielfeldhälfte befindet sich ein Spieler. Der erste hat einen Tennisring in der Hand, wirft ihn über die Leine und versucht, während dieser Zeit die gegnerische Hälfte zu durchqueren. Der zweite versucht, den Ring zu fangen, und nachdem er das getan hat, den durch sein Feld Laufenden abzuschlagen. Jeder Abgeschlagene übernimmt seine Rolle. Eine Gruppe von sechs bis acht Spielern wechselt in einer bestimmten Reihenfolge. Gewonnen hat derjenige, der am Ende die meisten Durchläufe erzielt hat. Hochwürfe sind verboten.

Durch ein geschicktes Werfen des Ringes bereitet man seinen Durchlauf vor. Wer seinen Weg schlecht vorbereitet hat, wird kaum durchkommen. Diese Lebensmaxime im Spiel erlebt zu haben, ist für den heranwachsenden Menschen im 13. Lebensjahr nicht ohne Bedeutung.

Korbball

Das Korbballspiel, wie es hier beschrieben wird, unterscheidet sich in einigen Punkten von den üblichen Spielformen, die sich in mancher Hinsicht als zu unpraktisch oder zu kompliziert erwiesen haben. Es gibt keine Kreise um die Korbballständer und keine Bretter hinter den Körben, wie etwa beim Basketballspiel. Zwei Sprungständer von 2,50 Meter Höhe und oben daraufgesetztem Korbgestell werden 20–30 Meter auseinandergesetzt. Das Spielfeld muß nach allen Seiten abgegrenzt sein und so viel Spielraum lassen, daß man von allen Seiten an die Körbe heran kann. Die beiden Parteien von je fünf bis sieben Spielern beginnen so, daß der Schiedsrichter mit dem Ball in die Mitte geht, während jeder Spieler den Korbballständer seiner Partei mit der Hand anfaßt. Wirft der Schiedsrichter den Ball auf den Boden, dann dürfen die Spieler loslaufen und versuchen, ihn in ihren Besitz zu bekommen. Jeder Ballspieler darf drei Schritte mit dem Ball laufen, muß ihn dann aber abgeben oder auf dem Boden aufprallen lassen. Der Ball darf nicht aus der Hand geschlagen werden. Wird ein Ständer während des Korbwurfes von einem Verteidiger bewegt, dann gilt auch ein mißlungener Wurf als Treffer. Jedes körperliche Spiel wird durch einen Freiwurf für die betreffende Partei geahndet. Nach einem geglückten Korbwurf beginnt man wie zu Anfang.

Voraussetzung für die einwandfreie Durchführung dieses Spieles ist die genügende Höhe des Korbrandes. Selbst die größten Spieler sollten noch Mühe haben, den Ball richtig in den Korb hineinzubekommen. Im übrigen sollte man darauf bedacht sein, dieses schöne Geschicklichkeitsspiel so einfach zu spielen, als es nur irgend möglich ist. Die Erwartung des Schülers ist immer groß, wenn er den Ball zum Korb hinwirft. Gelingt ein solcher Wurf, dann ist er tief befriedigt. Dieser Moment der Erwartung und auch der Enttäuschung gibt dem Spiel seine eigentlich pädagogische Note. Der Ball, der von der runden Öffnung aufgenommen wird und in den Korb fällt, ist etwas, wozu man eine innere Einstellung finden kann. Es ist etwas Ähnliches, als ob man als denkender Mensch einen Einfall hat. Bei älteren Schülern kann man die Ballbeherrschung dadurch steigern, daß man fortwährendes Aufprallen des Balles, ähnlich wie beim Basketballspiel, zur Bedingung jeden Raumgewinnes macht.

Raufball

Zwei Mannschaften von acht bis fünfzehn Spielern stehen einander gegenüber. Jeder versucht, einen Medizinball über die Schmalseite des gegnerischen
Feldes zu tragen. Der Ball darf in keinem Fall nach vorn, sondern stets nur
zur Seite oder nach rückwärts zugespielt werden. Kommt es zu einem Knäuel,
dann pfeift der Schiedsrichter ab, und die Partei, in deren Spielhälfte der Ball
gerade ist, darf ihn wieder anspielen. Man darf den Gegner festhalten
und ihm den Ball wegnehmen. Wer keinen Ball hat, darf nicht angegriffen
werden.

*Es geht bei diesem Spiel darum, daß etwas durch eine feindliche Zone hin-
durchgetragen werden muß. Man kann dieses Etwas als eine Art Gruppenidol
bezeichnen, denn alle Spieler einer Partei sind daran interessiert, es durch die
Gefahrenzone hindurch gleichsam in Sicherheit zu bringen.*
*Betrachtet man den 14–15jährigen, dann kann einem zum Bewußtsein kom-
men, daß dieser innerlich wie prädestiniert ist für ein solches Spiel. Die frei-
gewordene Gefühlswelt ist eine spannungsgeladene Zone, die mit Animosi-
täten und unerlösten Gegensätzen erfüllt ist, aber unsichtbar und wie im
Hintergrunde ist doch eine Kraft vorhanden, die das alles ausgleichen und in
Ordnung bringen kann, das Ich. Dieses ist der innerste Besitz des Menschen.
Ihn darf man nicht verlieren, ihn muß man schützen und abschirmen und so
lange durchtragen, bis das Ich stark genug ist, aus seiner eigenen Sphäre heraus
eine neue Ordnung zu schaffen. Dieser Zeitpunkt tritt gegen das 17. Lebensjahr ein. Jetzt hat das Raufballspiel keine Bedeutung mehr, aber vorher kann
es Entwicklungsimpulse auslösen, die für manchen jungen Menschen von
großer Bedeutung sein können.*
*Es ist ein unbestreitbares Verdienst der Amerikaner, diese kraftvolle Art der
Ich-Stärkung erkannt und für die Erziehung nutzbar gemacht zu haben. Das
drüben so verbreitete Footballspiel (Rugby) hat sicherlich viel dazu bei-
getragen, bestimmte Aktivitäten in das Gefühlsleben hineinzubringen, die ein
gesundes Selbstbewußtsein und damit eine positive Beurteilung der Lebens-*

verhältnisse mit veranlagen. *Man unterschätze nicht die Tatsache, daß Willens-
richtungen in einem bestimmten Alter vom Körperlichen her beeinflußt und
dirigiert werden können.*

Treibball

Dieses Spiel muß auf einem großen freien Platz gespielt werden, nicht allzu
breit, aber ziemlich lang (20×100 Meter). Zehn bis fünfzehn Spieler sind auf
jeder Seite und verteilen sich in ihrer Spielhälfte. Ein Zwischenraum von
etwa 20 Metern trennt die Vordersten. Durch das Los wird ermittelt, wer
beginnen darf. Der erste Ball wird in die gegnerische Hälfte geworfen. Wird
er gefangen, darf man drei Schritte nach vorn machen, dann wird der Ball
wieder zurückgeworfen. Wird er aber nicht gefangen, dann gelten folgende
Regeln: Zurückgeworfen wird der Ball von der Stelle, an der er zuerst von
einem Spieler oder vom Boden berührt wird. Gewonnen hat die Partei, die
den Ball über die gegnerische Spielhälfte hinauswirft.
Im 15. Lebensjahr empfiehlt es sich, dieses Spiel mit schweren Medizinbällen,
die gestoßen werden müssen, betreiben zu lassen. Im 16. Lebensjahr sollte man
es mit einem Schleuderball spielen, das gilt allerdings nur für die männliche
Jugend. Mädchen spielen das Treibballspiel am besten mit gewöhnlichen
Handbällen aus dem Schockwurf, also einer dem Diskuswurf verwandten
Wurfbewegung.

*Es zeigt sich auf den ersten Blick, daß dieses Spiel etwas ungeheuer Groß-
zügiges hat und entschieden allem Kleinlichen entgegenwirkt. Darin liegt auch
seine pädagogische Bedeutung. Der junge Mensch geht aus sich heraus, aber,
und das ist das gute, er wird zugleich gewahr, daß einem Grenzen gesteckt
sind. Der Maßlosigkeit des seelischen Begehrens, die in diesem Alter erwacht,
wird gleichsam ein Riegel vorgeschoben. Gewiß, man holt tüchtig aus und
wirft den Ball, so weit man kann, aber das steht in einem genauen Verhältnis
zu den eigenen Kräften. Der seelische Impuls und die Wirklichkeit gehen nicht
auseinander, wie es sonst leicht der Fall ist, sondern entsprechen den Verhältnissen des Raumes.*
*Man kann dem jungen Menschen oft keinen größeren Gefallen tun, als ihn in
dieser Weise sich „austoben" zu lassen, denn was an Großmannssucht und
Überheblichkeit in einem bestimmten Alter zum Vorschein kommt, sind letzten
Endes doch starke positive Kräfte, die nur in der rechten Weise mit der Wirklichkeit in Einklang gebracht werden müssen.*

Prellball

Ein Spielfeld von 8×16 Metern wird durch eine in Kniehöhe angebrachte Leine in zwei gleiche Hälften geteilt. In jeder Spielfeldhälfte befinden sich vier bis sechs Spieler. Der Ball wird zunächst in das eigene Spielfeld geworfen, damit er von dort aus über die Schnur in die gegnerische Hälfte springen kann. Drüben kann er von jedem Spieler einmal berührt werden. Zwischendurch darf der Ball einmal auf den Boden kommen. Der letzte muß ihn nach dem Aufprallen im eigenen Feld dem Gegner zuspielen. Jeder Spieler kann auch den Ball sofort wieder zurückschicken. Er darf ihn gleich aus der Luft annehmen, muß aber stets die Regel beachten, daß der Ball erst im eigenen Feld aufkommen muß, ehe er zurückgespielt wird. Außer dem Anwurf wird der Ball mit der flachen Hand geschlagen. Wer einen Fehler macht, scheidet aus. Die Partei, die einen Fehler verursacht hat, bekommt den nächsten Anwurf. Befindet sich nur noch ein Spieler auf einer Seite, dann muß dieser innerhalb von drei Würfen ausgespielt sein, andernfalls ist das Spiel unentschieden.

Das Prellballspiel ist, wie schon der Name sagt, stark auf den Boden hin orientiert. Man empfängt den Ball in der Bereitschaft, ihn sogleich auf den Boden zu prellen, entweder, um ihn einem Mitspieler zuzuspielen oder um ihn nach dem Aufprallen im eigenen Feld über die Linie zu spielen. Hat man das Spiel eine längere Zeit betrieben, dann kann man feststellen, daß das dauernde Untenhalten des Balles geeignet ist, eine gewisse Sicherheit oder auch eine Art klärende Wirkung im Bewußtseinsfelde zu erzeugen. Man hält etwas, was auf einen zukommt und überwältigen will, in Schach. Die Spielidee ist darauf angelegt, den Ball stark unter Kontrolle zu halten. Gerade dieses aber kann in einem Alter von Wichtigkeit sein, wo tatsächlich die Wogen des Gefühls über dem jungen Menschen zusammenschlagen und ihn zu überwältigen drohen. Das ist in der Hauptsache zwischen dem 15. und 17. Lebensjahr der Fall. Für dieses Alter hat das vorliegende Spiel eine Aufgabe. Über die tatsächlich klärende Wirkung kann sich jeder überzeugen, der junge Menschen bei diesem Tun etwas genauer beobachtet.

Volleyball (Flugball)

Ein Spielfeld von etwa 11×22 Metern wird durch eine Schnur, die in 2,50 Meter Höhe angebracht ist, in zwei gleiche Hälften geteilt. Gespielt wird mit einem leichten Ball, der etwas größer sein muß als ein gewöhnlicher Handball. Zu jeder Mannschaft gehören sechs Spieler, von denen einer, hinter der Grundlinie des eigenen Feldes stehend, den Ball mit der flachen Hand über die Leine bzw. das Netz schlägt. Die Gegenpartei muß ihn mit der Hand (nicht mit der Faust) zurückschlagen und darf ihn nicht auf den Boden fallen lassen. Auf jeder Seite darf der Ball dreimal geschlagen werden, dann muß er auf die andere Seite. Der erste und dritte Schlag darf durch denselben Spieler erfolgen. Bemerkenswert ist, daß nur die aufschlagende Partei Punkte machen kann. Macht sie einen Fehler, dann geht der Aufschlag an den Gegner, der so lange dranbleibt, wie er Vorteile erzielt. Gewonnen hat die Partei, die zuerst fünfzehn Punkte hat, sie muß aber mindestens zwei Punkte Vorsprung haben. Kommt eine Partei, nachdem der Gegner einen Fehler gemacht hat, wieder zum Aufschlag, dann ist nicht mehr der vorherige Aufschläger dran, sondern der nächstfolgende Spieler. Es wird, vom Standpunkt der Mannschaftsaufstellung gesehen, im Sinne des Uhrzeigers gewechselt. Der Aufschlag erfolgt stets von der hinteren rechten Ecke.

Neben dem Basketballspiel ist Volleyball das verbreitetste Spiel überhaupt. Es ist im Gegensatz zum Prellballspiel, das auf die Erde hin orientiert ist, ein reines Luftspiel. Als solches spricht es Kräfte an, die wir als erdflüchtig oder luziferisch bezeichnen können. Menschen, die etwas gelockert sind, spielen gerne Volleyball, das gilt auch für Völker und Rassen.
In pädagogischen Zusammenhängen gesehen, spielt Volleyball eine Rolle für das 16. Lebensjahr, besonders für Jungen. Es kommt einer Tendenz des 16-jährigen entgegen, einen gewissen Hang zur Schwere zu überwinden und sich nach oben, zur Höhe hin zu orientieren. Es kündigt sich darin die Wirksamkeit der Ichkraft an, welche aber erst um das 20.–21. Jahr zum vollbewußten Erlebnis wird. Die große Leichtigkeit, Beweglichkeit und ein zu höchster Aufmerksamkeit drängendes Spannungsmoment bringen eine Aktualität in das Spiel, die der sich konsolidierenden jungen Persönlichkeit viel geben kann, wenn man den richtigen Zeitpunkt dafür wählt.

Faustball

Ein Spielfeld von etwa 20×50 Metern (es kann auch kleiner sein) wird durch eine zwei Meter hohe Schnur in gleiche Hälften geteilt. Auf jeder Seite befinden sich fünf Spieler. Der Ball darf dreimal geschlagen werden, nur einmal von dem gleichen Spieler. Nach jedem Schlag darf er nur einmal den Boden berühren. Jeder Fehler zählt als Pluspunkt für die Gegenpartei. Der Aufschlag erfolgt innerhalb des Feldes in der Nähe der Leine. Nach jedem Fehler geht das Aufschlagrecht an die Gegenpartei über. Gespielt wird zweimal 15 Minuten. Es wird nur mit der Faust geschlagen. Der Ball darf nicht zu klein und zu leicht sein.

Im Gegensatz zu Prell- und Flugball hat das Faustballspiel Höhe und Tiefe oder Luft und Festigkeit. Um es praktisch zu betreiben, bedarf es aber einer gewissen Energie und Kraft. Es eignet sich daher eigentlich nur für größere Schüler, d. h. solche, die schon eine eigene Struktur besitzen. Faustball ist ein außerordentlich männliches Spiel, das einen bewußten Einsatz fordert. Die selbstbewußte Kraft und die überlegte Handlungsweise geben ihm seinen Charakter. Aus diesem Grunde kann es eine wertvolle Erziehungshilfe für den Jugendlichen zwischen 17 und 20 Jahren sein, der zur eigenen Selbständigkeit erwacht ist und einen besonnenen, aber kraftvollen Einsatz innerhalb eines Spielgeschehens leisten will.

WETTLAUF

Der Wettlauf ist als individualisierendes Mittel erst von den Griechen im vollen Umfang erkannt worden. Das ist nicht sehr verwunderlich, wenn man bedenkt, daß der Sieger immer der erste ist. In einem Zeitalter, wo es hauptsächlich darauf ankam, die Persönlichkeit zu entwickeln, konnte in der Tat kaum eine bessere Möglichkeit gefunden werden als der Lauf, um den einzelnen anzuspornen und herauszustellen. Wir wissen, daß der Wettlauf auch die älteste der olympischen Übungen ist und ein ganzes Jahrtausend seine überragende Bedeutung beibehielt.

Zwischen dem Gehen, das mehr auf die Erde hin orientiert ist, und dem Springen, das mehr zur Höhe hin tendiert, nimmt der Lauf eine Mittelstellung ein. Jeder Läufer befindet sich in dieser Mitte, das Phänomen Lauf hat eben etwas zu tun mit dem Ausgleich zwischen oben und unten, schwer und leicht. Es ist daher etwas Gutes, wenn Kinder richtig, flüssig und schnell laufen können, denn der Bewegungsvorgang wirkt zurück auf das Gesamtempfinden. Man kann immer wieder die Feststellung machen, daß alle diejenigen Kinder gut und gern laufen, die im Besitz ihrer vollen Lebenskräfte sind.

Wird der Lauf deshalb geübt und zum Wettkampfprinzip erhoben, dann wirkt dieses Üben auch in stärkender Weise auf den mittleren Menschen bzw. seine Ätherorganisation zurück. Auch vor den olympischen Spielen des Altertums haben selbstverständlich die Menschen den Wettlauf gekannt, aber sie haben ihn nicht um seiner selbst willen betrieben. Die große Tat des Griechentums bestand darin, daß es den menschenbildenden Wert der Leibesübung erkannt hat. Wird das Laufen so geübt, daß sein voller Bewegungscharakter zum Vorschein kommt, dann erlebt man ein wunderbares Zusammenspiel der Kräfte. Wer dieses einmal an sich selbst erfahren hat, hat ein Stück seines Menschentums realisiert.

Zwar schlummert in jedem Menschen auch der Ehrgeiz, und in jenem Zeitalter der griechisch-römischen Kulturepoche konnte dieser gar wohl eine Gefahr bedeuten. Aber ihr wußte man wirkungsvoll zu begegnen, weil der Lauf zum künstlerischen Prinzip erhoben wurde. Zwei Dinge konnten sich so die Waage halten, das Erlebnis der Bewegung, dem ein allgemeines Prinzip zugrunde lag, und das spezielle Bedürfnis des Ego, erster zu sein. Man konnte es dem einzelnen gestatten, auf der Basis des Laufens sich herauszustellen, denn der gute Läufer nähert sich immer mehr einem Urbild, und dieses ist nichts anderes als die Offenbarung der vollen Menschennatur.

Wir können uns diese Tatsache auch heute noch zunutze machen, denn das Kind steht im Verlauf seiner Entwicklung vor ähnlichen Problemen. Im 11. bis 12. Lebensjahr wird es von einem starken Willensimpuls ergriffen, der stark egoistische Züge trägt. Es entdeckt seine Persönlichkeit und will sich mit seinesgleichen messen. Jetzt kann der Lauf eine ähnliche Rolle spielen wie ehedem. Er kann dazu beitragen, daß sich das Kind in einer gesunden Weise individualisiert. Es ist gut und richtig, wenn es im Wettlauf darauf brennt, der erste werden zu wollen. Dadurch kommt es nicht in eine schiefe Seelenlage, denn der Lauf als solcher hat etwas Harmonisierendes und Belebendes an sich. Um ein Gegenbild zu nennen, wäre es zum Beispiel falsch und schädlich, das Kind daran zu gewöhnen, möglichst viele Klimmzüge am Reck zu machen. Man würde das Kind durch ein dauerndes Üben nach dieser Richtung hin seelisch und körperlich in die Verhärtung treiben.

Beim Lauf ist diese Gefahr nicht vorhanden, weil die Bewegung, wenn sie richtig abläuft, vom Ätherorganismus erfaßt werden kann. Das Geheimnis einer solchen Bewegung besteht darin, daß Kraft, Rhythmus und Form so miteinander verschmelzen, daß sie gleichsam ein neues Wesen erzeugen. Dieses Wesen trägt jeder in sich, aber im Verlaufe seiner Entwicklung entfernt er sich immer mehr davon. Durch solche Übungen wie das Laufen kann jedoch die Dynamik des Ätherorganismus wieder mehr oder weniger in die Bewegung hereingebracht werden. Wenn man bedenkt, wie wichtig es im zweiten Jahrsiebent ist, die Ätherorganisation zu kräftigen, für den Menschen bewußt zu machen, dann erscheint die Pflege des Laufes sowohl im Laufspiel wie im Wettlauf noch in einem besonderen Licht.

Was für den Wettlauf gilt, das gilt auch für den Stafettenlauf. Hier geht es allerdings nicht um den Egoismus des einzelnen, sondern um den Egoismus der Gruppe. Das hat pädagogisch gesehen insofern manchmal sehr viel für sich, als es immer eine ganze Anzahl von Schülern gibt, die kein rechtes Verhältnis zum Lauf haben und unter ihrem Mangel an Bewegungsfreude auch leiden. Sie exponieren sich ungern, denn sie wissen, daß sie hier nichts erreichen können. Für diese Schüler ist der Stafettenlauf eine überaus gesunde Therapie. Denn innerhalb der Gruppe müssen sie sich tüchtig anstrengen, dafür sorgen schon die anderen, die zur gleichen Partei gehören. Nichts fürchten die Kinder mehr, als den Spott und Tadel ihrer Altersgenossen, man wird also immer erleben, daß die Kinder sich besonders anstrengen, wenn viele Augen auf sie blicken, um zu loben oder zu tadeln.

Für alle Beteiligten ist der Staffellauf aber auch deshalb ein wertvolles Erziehungsmittel, weil das gute und das schlechte Laufbild deutlich vor alle hingestellt wird. Man freut sich, wenn einer ordentlich und richtig laufen kann, und ärgert sich, wenn es umgekehrt ist. Dieser praktische Anschauungsunterricht hebt das allgemeine Niveau, denn man will es ja den Guten nachmachen. Vor der Geschlechtsreife ist es tatsächlich so, daß die Kinder unglaublich bildungsfähig sind und leicht etwas vom Anschauen in die Gewohnheit übergeht.

Einen besonderen Raum innerhalb der Wettläufe nehmen die Hinderniswettläufe ein. Sie stellen den Schüler vor besondere Aufgaben und Situationen, die nicht einfach zu lösen sind. Die Schwierigkeiten können mannigfaltiger Art sein. Am schönsten ist wohl die Hürde als Hindernis, das in ganz bestimmten Schrittintervallen genommen werden kann. Es sind der Phantasie nach dieser Richtung hin keine Grenzen gesetzt. Man kann eben alles in den Lauf einschieben, was es gibt, klettern, springen, werfen, fangen, kriechen, balancieren, verkleiden, heben, tragen und befördern von Gegenständen usw. Je nach der Wahl der Gegenstände und der besonderen Umstände werden Situationen erzeugt nach der Seite der Spannung, des Heiteren, Komischen oder Artistischen. Wer drankommt, ist der Akteur, der vor den Zuschauern seine Sache besonders gut machen muß.

Im Gegensatz zum reinen Lauf, der mehr als geistiges Urphänomen aufgefaßt werden kann, wirkt diese Form des Wettlaufes mehr auf das Seelische. Man erlebt das Schicksal des einzelnen mit, man fühlt mit ihm und atmet auf, wenn ihm etwas gelungen ist, hält die Luft an, wenn er versagt.

Beide, der mehr geistige Aspekt des reinen Laufes, aber auch der mehr seelische des Hindernislaufes, haben für die Erziehung eine große Bedeutung. Im ersteren Falle folgt das Kind nur sich selbst, im letzteren ist es eingespannt in ein Netz von Notwendigkeiten, die es möglichst gut zu erfüllen hat. Wir können beim reinen Lauf sagen, er atmet etwas vom Wesen der Freiheit, der Hindernislauf hat etwas an sich von der Pflicht. Von dieser Perspektive aus gesehen ordnet sich beides ein in die pädagogischen Zusammenhänge.

Hetzjagd

Zwei Sprungständer werden etwa sechs Meter weit auseinander aufgestellt. An beiden steht ein Läufer, jeder versucht, den anderen einzuholen. Man kann auch Gruppen gegeneinander kämpfen lassen, dann aber vergrößert man den Abstand.

Für Schüler aller Altersklassen hat diese Form des Wettlaufs einen unerhörten Reiz. Gegenüber den fast unübersehbaren Variationen des Stafettenlaufs verdient diese Art des Umlaufes unbedingt den Vorzug. Das Jagen und Gejagdwerden ist ein uraltes Motiv. Wer nicht schritthalten kann, ist der Unterliegende. Der Schnellere ist der Schrittmacher, er ist der Repräsentant für den Fortschritt schlechthin. Das Überrundetwerden hat letzten Endes schicksalhafte Aspekte, denn wer etwa in seiner Zeit nicht mithalten kann, ist abgemeldet.
Je nach der Altersstufe wird es notwendig sein, eine phantasiemäßige Beziehung zu dieser Grundform des Wettlaufes zu finden, aus dem Tierreich, dem Mythologischen usw.

Brückenstafette

Zwei Gruppen von Spielern stehen gebückt hintereinander. Der Hintermann faßt den Vordermann um den Leib. Der letzte muß über alle hinweg nach vorn. Sobald er den Boden berührt, ruft er mit lauter Stimme: Los! Dann kommt der nächste an die Reihe. Die Partei, welche als erste einmal durch ist, hat gewonnen.

Im 14.–15. Lebensjahr haben die Schüler es gern, wenn es ein wenig rauh, aber lustig zugeht. Man will seine Knochen und Muskeln spüren, und wenn mal einer etwas härter zupackt oder zutritt, dann erhöht das zum Schluß doch die Lebensfreude.

Wurfballstafette

Zwei Parteien stehen nebeneinander hinter einer Linie. Parallel zu dieser ist in 25 Meter Abstand eine zweite gezogen. Auf das Zeichen des Schiedsrichters läuft der erste Spieler jeder Partei los und wirft, sobald er die jenseitige Linie erreicht hat, einen Schlagball zu dem nächstfolgenden Spieler seiner Partei. Dieser muß versuchen, ihn hinter der Linie zu fangen oder sonst in die Hand zu bekommen, damit er wie sein Vorgänger zur anderen Seite laufen kann.

Auch er wirft den Ball zurück. So geht es immer weiter, bis schließlich der letzte drüben ist. Gewonnen hat die Partei, welche zuerst vollzählig auf der anderen Seite ist.

Durch diesen Wettlauf wird dem Schüler allerlei abverlangt, denn er muß sich nicht nur tüchtig anstrengen, sondern nach dem schnellen Lauf die notwendige Besonnenheit und Sicherheit aufbringen, die notwendig ist, um den Ball dem nächsten richtig zuzuspielen. Diese Umstellung ist außerordentlich erzieherisch. Der Schüler ist nämlich gezwungen, dem höchsten Bewegungseinsatz eine kurze Pause folgen zu lassen, die ein inneres Abwägen ermöglicht. Erst dann kommt der Impuls des Werfens. (13. Lebensjahr)

Stehaufstafette

Zwei oder mehrere Parteien stehen in Reihen hintereinander. Jede befindet sich auf der gleichen Höhe. Vor jeder Partei steht in fünf Meter Abstand der Zuspieler mit einem Ball. Auf ein Zeichen wird dieser dem ersten Stehenden der eigenen Reihe zugeworfen. Der Fänger wirft zurück und setzt sich schnell auf den Boden, dann kommt der zweite dran. Er macht es genauso. Nur der letzte wirft den Ball nicht zurück, sondern läuft mit ihm nach vorn, während der bisherige Zuspieler sich vor die Reihe stellt, nimmt dessen Platz ein und spielt sofort wieder zu. Das Spiel geht so lange weiter, bis jeder einmal Zuspieler gewesen ist.

Der Wechsel im Zuspiel und Fangen, Hinsetzen, Aufstehen, Nach-vorne-Laufen und das Tauschen der Rollen hat etwas ungemein Anregendes. Da es sich um einen Wettkampf handelt, ist die Aufregung groß. Mancher Ball wird daher verpatzt. Ungewohnt ist ferner, daß der Ball immer über den eigenen Kopf hin und her geht. Das bringt ein erhöhtes Spannungsmoment noch hinzu. Trotz all dieser Faktoren enthält das Spiel ein starkes Formelement durch das strikte Einhalten der Positionen und übt daher eine nicht zu unterschätzende erzieherische Wirkung aus. (13. Lebensjahr)

Postenlauf

Je drei Spieler gehören immer zusammen, zwei davon befinden sich diesseits eines Striches, der dritte jenseits eines anderen, der parallel dazu gezogen wird. Abstand 15 Meter. Es können beliebig viele Gruppen nebeneinander an diesem Spiel teilnehmen. Zwischen den beiden Linien müssen für jede Partei drei Markierungspunkte angebracht werden. Jede Dreiergruppe besitzt drei Tennisringe. Der erste Spieler jeder Gruppe hat die Aufgabe, mit einem Tennisring loszulaufen, ihn auf den ersten Markierungspunkt hinzulegen, weiterzulaufen und sich von dem gegenüberstehenden Spieler seiner eigenen Partei beim Überschreiten der zweiten Linie durch Handschlag ablösen zu lassen. Dieser läuft nun zurück, hebt den Ring wieder auf und übergibt ihn dem dritten Spieler seiner Partei, der mit einem Ring in der Hand bereits auf ihn wartet. Nachdem er von dem Ankommenden den Ring empfangen hat, läuft er los und legt seine Ringe auf die ersten beiden Markierungspunkte, läuft weiter und läßt sich wieder von dem auf der anderen Seite Wartenden ablösen, der die beiden Ringe wieder aufhebt und sie dem bereits mit dem dritten Ring wartenden Mitspieler überreicht. Dieser besetzt die drei Male, läßt sich wieder ablösen, und jetzt werden die drei Ringe wieder zurückbefördert. Der an der ersten Linie Wartende braucht nun nur noch die drei Ringe in Empfang zu nehmen und zur anderen Seite durchzulaufen, um sie nebeneinander jenseits der zweiten Linie auf den Boden zu legen. Gewonnen hat diejenige Partei den Lauf, die als erste die drei Ringe hinter der zweiten Linie niedergelegt hat.

Dieser Wettlauf ist außerordentlich spannend und interessant. Es ist in ihm etwas wie ein Entwicklungsgedanke vorhanden. Man soll nicht einfach additiv von einem Punkt zum anderen, sondern soll das Erreichte gleichsam auslöschen, ehe man weitergeht. Will man zu einer neuen Stufe gelangen, dann muß man das Alte noch einmal wiederholen. Prinzipien solcher Art findet man als Entwicklungsgesetze im Menschen selbst. In seiner dynamischen und doch ausgewogenen Art ist das vorliegende Spiel für das Kind im 12. Lebensjahr wie geschaffen.

Kuhhirtenlauf

Zwei oder mehrere Spieler stehen hinter einer Linie. Der erste Spieler beginnt, mit einem Stock drei Bälle um eine zehn bis fünfzehn Schritt entfernt stehende Fahne zu dirigieren und zurückzuschlagen. Die Bälle müssen am Boden bleiben. Jeder Spieler kommt an die Reihe.

Bei diesem Spiel muß man zwar schnell reagieren, darf aber Ruhe und Kaltblütigkeit nicht außer acht lassen. Jeder Schlag muß mit Besonnenheit geführt werden, obwohl höchste Eile geboten ist. Nichts ist leichter, als die Übersicht zu verlieren, aber das macht gerade den pädagogischen Wert dieser Übung aus. (12. Lebensjahr)

Tonnenwettlauf

Hat man zwei oder mehrere Fässer zur Hand, dann kann man damit ein lustiges Wettlaufen veranstalten. Es führt im allgemeinen zu ergötzlichen Zwischenfällen, besonders wenn das Faß einige Kurven zu machen hat.

Auch in der Stafette kann das Faß sehr zur Erheiterung beitragen. Neben der Schnelligkeit ist ein behutsames Bewegungsgeschick erforderlich, um gut weiterzukommen. (Ab 12. Lebensjahr)

Dreibeinlauf

Zwei Läufer legen die inneren Arme um die Schultern des Nachbarn und lassen sich die benachbarten Beine unter dem Knie und über dem Knöchel zusammenbinden. Dann beginnt ein Wettlauf mit dem gegnerischen Paar. Es ist sehr lustig anzusehen und erfordert einiges Geschick, vor allem aber eine gute Einstellung zum Partner, um diesen Lauf mit der notwendigen Schnelligkeit durchzuführen. (10.–12. Lebensjahr)

Pendelstafette

Über eine Distanz von etwa 30 Metern verteilen sich beide Parteien so, daß die Hälfte der Läufer jeder Partei hüben und drüben ist. Am zweckmäßigsten nimmt man einen roten und einen blauen Tennisring, der hin und her gebracht werden muß. (10.–13. Lebensjahr)

Kehrumstafette

Jeder Läufer muß um eine 20–30 Meter entfernte Wendemarke laufen und den Tennisring beim Erreichen der Startlinie dem nächstfolgenden überreichen. Das Kunststück ist, dabei möglichst schnell und geschickt die Wendemarke zu nehmen. (10.–13. Lebensjahr)

Kettenstafette

Jede Partei ist aufgegliedert in Teams von drei bis vier Läufern, die sich anfassen und um eine Wendemarke laufen müssen. Einer der äußeren Läufer übergibt den Tennisring beim Erreichen der Startlinie der nächstfolgenden Gruppe.

Es müssen bei dieser Stafette die schwächeren Schüler mit durchgezogen werden, und das ist manchmal recht förderlich, denn das Leben besteht ja nicht aus lauter Alleingängen. (Ab 12. Lebensjahr)

Laufbahnstafette

Es ist damit die übliche Rundenstafette auf Laufbahnen mit Staffelstab gemeint. Jede Person hat ihre eigene Bahn. Der Start der inneren Bahnen liegt entsprechend weiter zurück.

Dieser Staffellauf ist außerordentlich eindrucksvoll und spornt die Läufer zu höchstem Einsatz an. Er ist vor allem für größere Schüler sehr zu empfehlen. (Ab 14. Lebensjahr)

Langstreckenstafette

Eine längere Strecke wird in Teilabschnitte zerlegt. Am Ende einer jeden Teilstrecke warten die nächsten Läufer. Der Stab oder Tennisring soll auf diese Weise ein entferntes Ziel möglichst rasch erreichen.

Diese ursprünglichste Form des Staffellaufes sollte von Zeit zu Zeit immer wieder betrieben werden, denn sie ist das Urbild für alle übrigen. So wie Zeiten, Verhältnisse und Generationen einander ablösen, um etwas Wertvolles oder Wichtiges durchzutragen, wird hier ein Gegenstand unter Einsatz aller Kräfte von einem an den anderen weitergereicht, bis er schließlich da ist, wohin er gelangen soll. Es steckt eine tiefe Ursymbolik in diesem Vorgang, wenn man bedenkt, daß ja auch Kulturgüter in einer ähnlichen Weise, verbunden mit dem Lebenslauf des einzelnen, weitergereicht werden. (Ab 14. Lebensjahr)

Nadelöhrstafette

In der Mitte der Laufstrecke steht vor jeder Partei ein Sprungständer, am Ende derselben liegt ein fester Gegenstand. Aufgabe eines jeden Läufers ist es, um den Sprungständer herumzulaufen, den Gegenstand zu berühren und dann geradewegs zurückzulaufen, um sich ablösen zu lassen.

Diese Stafette ist sehr aufschlußreich, weil man beobachten kann, daß die geschickten und geschmeidigen Kinder sehr viel besser mit dem Hindernis fertig werden als die übrigen. (12.–13. Lebensjahr)

Stelzenstafette

An die Stelle des Stabes oder Tennisringes sind die Stelzen getreten. Jede Partei ist in zwei gegenüberliegende Hälften gegliedert. Jeder läuft nur eine Bahn. Wer umkippt, muß sofort wieder aufsteigen. Kein Raumgewinn ohne Stelzen. (12. Lebensjahr)

Kanisterstafette

Jeder Läufer hat zwei Blechkanister, mit denen er vorwärtskommen muß, die Erde darf nicht berührt werden. Hier zeigt sich, wer praktisch veranlagt ist. Man kann auch Matten, Ziegelsteine, Bretter usw. verwenden. (Ab 11. Lebensjahr)

Blechdosenstafette

Man läuft auf zwei Blechdosen. Ein Bindfaden wird durch zwei Löcher in der Dose gezogen und verknotet. Die so entstandene Schlinge nimmt der Läufer in die Hand. Er muß hier einiges Gefühl entwickeln, um die Blechdosen immer am Fuß zu behalten. (11.–13. Lebensjahr)

Steckenpferdstafette

Der Läufer nimmt einen längeren Stock zwischen die Beine und „reitet" damit los.

Bis zum 10. Lebensjahr macht diese Art Stafette infolge ihres Bildcharakters den Kindern sehr viel Spaß.

Windmühlenstafette

An Stelle des Holzstabes oder des Tennisringes tritt eine aus Papier angefertigte Windmühle, die sich beim Laufen dreht.

Man muß bei der Übergabe sehr vorsichtig sein, damit die Windmühle nicht entzweigeht. Die Kinder im 7. Lebensjahr haben noch das echte Interesse an dem lebendigen Spielvorgang.

Holüberstafette

Die Parteien sind in sich halbiert und stehen einander gegenüber. Der erste läuft los und holt einen von drüben auf seine Seite, dann scheidet er aus. Der zweite, d. h. derjenige, den er mitgenommen hat, nimmt nun seinerseits einen mit. Das geht so weiter, bis der letzte herübergeholt worden ist.

Dieser Lauf hat einen gewissen sozialen Aspekt. Man kümmert sich um den anderen und holt ihn zu sich herüber. Vom 13. Lebensjahr an mögen die Schüler es sehr gern, auch diese Variante einmal durchzuspielen.

Römisches Wagenrennen

Zwei fassen sich an und nehmen in die äußeren Hände die Enden eines Strickes, dessen Mitte vom Wagenlenker gehalten wird; dann geht es über eine oder mehrere Runden eines abgesteckten Feldes. Zwei oder drei Teams starten nebeneinander.

Durch dieses Arrangement werden Ehrgeiz und Phantasie in einer besonderen Weise angesprochen. (11.–13. Lebensjahr)

In jedem Menschen steckt der Drang, herrschen und befehlen zu wollen. Der Machtwille gehört zwar zu denjenigen Eigenschaften, die oft verdeckt sind und nur bei passender Gelegenheit zum Vorschein kommen, aber vorhanden ist er doch. Die Steigerung des Persönlichen führt unweigerlich dahin, das Ego immer mehr zu betonen und sich selbst in den Vordergrund zu stellen.

Im Kinde ist anfangs von einer solchen Tendenz nicht viel zu verspüren. Erst mit neun Jahren etwa schießt das Persönliche in es hinein, und von da an hat man mit dem zu rechnen, was hier unter Zweikampf verstanden sein will. Der Gang der Entwicklung führt zur Persönlichkeit hin, die sich abgrenzen und ihre individuellen Kräfte entwickeln muß. Erst dann, wenn der einzelne sich konsolidiert hat und eine genaue Grenze ziehen kann zwischen sich und der Umwelt, erwacht in ihm das Bedürfnis, sich mit dem qualitativen Inhalt der Phänomene wieder zu vereinigen. Aber erst einer Jugend, die Gelegenheit bekam, im mutwilligen Spiel, in herzhafter Auseinandersetzung mit dem Gegner ihre eigenen Grenzen zu finden, eröffnet sich der Zugang zu jener anderen Seite des Daseins, die auf eine Vergeistigung hin gerichtet ist.

Kampf und Überwindung sind die Vorstufen der Selbsterziehung und der Selbstüberwindung. Frische, fröhliche Reiterkämpfe, Zieh- und Schiebekämpfe, Kriegsspiele, Tauziehen, Stockringen usw. gehören deshalb zu einer lebensvollen Erziehung, denn sie helfen, die eigentlichen charakteristischen Züge der jungen, heranreifenden Persönlichkeit herauszuarbeiten. Wichtige Strukturelemente würden fehlen, gäbe man dem Knaben und dem jungen Menschen nicht die Gelegenheit, die eigenen Kräfte am anderen zu erproben, zu entwickeln, aber auch abzuschleifen.

Grenzkampf

Zwei gleiche Parteien sind durch eine Linie voneinander getrennt. Wer den anderen auf seine Seite herüberzieht, hat einen Gefangenen gemacht. Jede Partei darf innerhalb des eigenen Bereiches eine Kette bilden. Bei vielen Kindern ist es zweckmäßig, die Gefangenen, nachdem der Sieger einen Strich auf den Boden gemacht hat, wieder zur eigenen Partei zu entlassen, damit sie nicht zu lange herumstehen müssen.

Der einfache Strich, welcher die beiden Parteien voneinander trennt, hat eine fast magische Wirkung. Das Kind sträubt sich tatsächlich mit Händen und Füßen, hinübergezogen zu werden, es stemmt sich dagegen und strebt mit aller Macht nach rückwärts. Diese ausgesprochene „Grenzangst" hört allerdings mit zwölf Jahren auf. Dann verliert das Spiel auch seinen ursprünglichen Reiz. Wir dürfen darin einen Umschwung im Seelischen vermuten. Solange das Kind noch selbst an die Ätherorganisation gebunden ist, scheut es den Schritt nach vorn, beginnt es aber, sein seelisches Eigenleben zu empfinden, dann drängt es sogar nach vorn.
Ein untermenschliches und übermenschliches Wesenselement stehen unsichtbar im Kampf um dasjenige, was einen über die Grenze ziehen will, und dasjenige, was einen davor zurückhalten will. Das Kind hat beide Tendenzen in sich, im Spiel darf es beide ausleben und sich nach seiner Eigenart so oder so verhalten. Manches Kind setzt dem Zugriff von der anderen Seite wenig Widerstand entgegen, andere kämpfen mit wilder Entschlossenheit. Wer auf diese Unterschiede eingeht, wird manches finden, was in die Wesensart und das Schicksal hineinleuchtet. (10.–12. Lebensjahr)

Kreisringen

In einem Kreis bis zu zehn Meter Durchmesser stehen eine Anzahl Wettkämpfer. Es kämpft jeder gegen jeden. Wer außer mit den Füßen den Boden berührt, muß den Kreis verlassen, ebenso, wer mit irgendeinem Körperteil außerhalb der Kreislinie aufkommt. Die Besiegten schauen von außen zu, wie es weitergeht. Wer zuletzt übrigbleibt, hat gewonnen.

Jeder muß sich seiner Haut wehren und gut aufpassen, Angriff und Verteidigung wechseln beständig, oft muß man blitzschnell die Gefahr erkennen und ebenso rasch zupacken, um seinen Vorteil wahrzunehmen. Es tut vielen Kindern gut, sich einmal in das Getümmel zu stürzen und ganz aus der Situation heraus zu handeln und zu reagieren. Diese Art von Selbstbehauptung ruft Aktivitäten im Kinde wach, die im höchsten Maße auf das Selbstbewußtsein zurückwirken. (11.–12. Lebensjahr)

Reiterkämpfe

Reiterkämpfe erfreuen sich besonders im Volksschulalter großer Beliebtheit. Am intensivsten werden sie von den 9–11jährigen betrieben. Folgende Zusammenstellungen haben sich als zweckmäßig erwiesen:
Man teilt die Gruppen in zwei gleichstarke Hälften und läßt

1. einzeln,
2. je drei bis fünf Paare gegeneinander,
3. beide Parteien gegeneinander kämpfen.

Ist genügend Raum vorhanden, dann empfiehlt es sich auch, von Zeit zu Zeit jeden gegen jeden kämpfen zu lassen. Für alle Reiterkämpfe ist ein weicher Untergrund, also Sand, Rasen oder eine Matte, unbedingt erforderlich.

Bei Reiterkämpfen lebt ewas auf vom Geist der ritterlichen Tugenden. Es entsteht, wenn sie diszipliniert durchgeführt werden, eine Stimmung, die immer etwas von Kampfesmut, Freude und Begeisterung hat. Bei aller Lockerheit und Bewegtheit wird doch mit starkem Einsatz gekämpft, und Roß und Reiter geben ihr Bestes. Man sollte darauf achten, daß jeder beide Rollen übernimmt, denn die mehr dienende Funktion des Pferdes setzt mehr Wille und Durchhaltekraft, die des Reiters mehr rasches Erfassen der Situation und Agilität voraus. Man kann immer wieder die Erfahrung machen, daß die Kinder durch Reiterkämpfe in eine gehobene Stimmung kommen, deshalb sollte man sie von Zeit zu Zeit immer wieder betreiben, besonders auch deshalb, weil viele Kinder heute allzu fest mit ihrer Physis verbunden sind. (9. bis 13. Lebensjahr)

Kriegsspiel

Die Spielerschar wird in zwei gleiche Teile geteilt, jede Gruppe bezieht ihr Lager, das durch einige Striche auf dem Boden markiert wird, und dann beginnt der Kampf. Wer in das Lager des Gegners gezogen wird, ist gefangen. Man entläßt aber den Gefangenen, nachdem man an einer besonderen Stelle einen Strich auf dem Boden gemacht hat. Der Entlassene kann weiterkämpfen. Wer die meisten Striche hat, hat gewonnen. Besonders interessant wird das Spiel, wenn sich jede Partei einen Anführer wählt, der mutig und geschickt sein muß, denn wird er gefangen, ist das Spiel zu Ende.

Vom 10.–12. Lebensjahr sollte dieses Spiel betrieben werden, damit die tiefere Willensnatur, welche nach einer handfesten Auseinandersetzung verlangt, zu ihrem Recht kommt. Man darf nicht glauben, daß die Kinder durch eine solche Betätigung besonders wild werden und außer sich geraten; das Gegenteil ist der Fall. Wenn sie sich ordentlich ausgetobt und tüchtig angestrengt haben, sind sie danach außerordentlich befriedigt und recht vergnügt. Es wäre falsch, die Kinder allzu zahm und fromm halten zu wollen, denn der unterdrückte Wille entlädt sich dann in tausend raffinierten kleinen Bosheiten.

Die hier angezeigte Methode hat sich von allen Spielmöglichkeiten als die beste erwiesen. Man kann zwar auch die Gefangenen am Spielfeldrand stehen lassen, aber dann kommen ja nicht alle dran, darum ist es besser, die Zahl der Gefangenen durch Striche am Boden festzuhalten, vor allem auch deshalb, weil jemand, der schon einmal gefangen war, sicher versucht, es ein zweites Mal besser zu machen.

Wer wird König?

Man zeichnet ein Quadrat von drei bis vier Schritten auf den Boden und bildet einen Kreis, dann wird nach allen Seiten kräftig gezogen. Wer in das Viereck tritt, muß ausscheiden. Zuletzt ist der Kreis so klein, daß man es nicht mehr umspannen kann. Wer bis dahin ausscheiden mußte, gehört zum gemeinen Volk, es sind die Bauern. Die übriggebliebenen sind die Edelmänner, diese müssen nun unter sich den König ermitteln. Zu dem Zweck treten sie in das Viereck, fassen sich aber nicht an, sondern halten die Arme vor der Brust verschränkt. Dann versucht jeder, den anderen hinauszudrängen. Wer zuletzt übrigbleibt, ist König.

Ein bekanntes Spiel erscheint in dieser abgewandelten Form für die etwas jüngeren Altersstufen. Das Kind im 9.–10. Lebensjahr braucht noch die Rahmenhandlung als solche. Es liebt ein Spielgeschehen mit einer Handlung wie dieser, denn es fühlt sich noch als Glied eines organischen Zusammenhanges und nicht als Individualität, die als einzelne zu ihrem Recht kommen möchte.

Häuserkampf

Zwei Gegner kämpfen gegeneinander. Jeder hat ein Haus, d. h. einen zwei Meter großen Kreis, beide Häuser sind sechs bis acht Schritte voneinander entfernt. Die Spieler stehen anfangs in ihren Häusern und warten auf das

Zeichen des Schiedsrichters. Dann begeben sie sich in das Feld und versuchen, das Haus des Gegners zu betreten. Wem dies zuerst gelingt, hat gewonnen.

Die beiden Gegner belauern sich oft gegenseitig und stürmen dann los. Manchmal raufen sie auch hart miteinander. Für die Zuschauer ist es sehr interessant, zu beobachten, wie der einzelne sich verhält, um zu seinem Ziel zu gelangen. (12.–13. Lebensjahr)

Hahnenkampf

In einem Kreis von acht Meter stehen bis zu zehn Spieler auf einem Fuß. Die Arme sind über der Brust gekreuzt. Man schubst sich entweder aus dem Kreis oder so lange, bis der Gegner den anderen Fuß aufsetzen muß.

Mit Kraft allein ist es nicht getan. Geschicklichkeit und Gleichgewicht sind mindestens ebenso notwendig. Es können daher auch die weniger robusten Kinder zu Erfolgen kommen. (10.–13. Lebensjahr)

Ägyptischer Zweikampf

Man hebt beide Unterarme bis zur Schulterhöhe. Die gestreckten Hände berühren sich am Mittelfinger und bilden bis zu den beiden Ellenbogen eine gerade Linie. Der Gegner faßt die Handgelenke seines Gegenübers und versucht, sie auseinander zu bekommen. Es wird ihm kaum gelingen. Man kann dieses Experiment reihum machen und wird sehen, daß sich selbst schwächere Schüler gegenüber stärkeren behaupten können.

Diese Übung hat erst vom 12. Lebensjahr an eine Bedeutung, denn jetzt erst kann das Kind bewußt vom Willen aus direkt auf den Muskel wirken.

Kerzenkampf

Beide Gegner halten in der einen Hand eine brennende Kerze, mit der anderen fassen sie sich an den großen Zeh. Wer dem Gegner das Licht auspustet, hat gewonnen. Wer den Zeh losläßt, scheidet aus.

Dieser Zweikampf ist sehr spannend, aber auch sehr anstrengend. Man sollte ihn deshalb nur mit größeren Schülern betreiben.

Pappenkönig

Etwa fünf Kinder sind an der Reihe. Jedes bindet sich einen Bindfaden um den Knöchel, an dem ein Stück Pappdeckel befestigt ist. Man versucht, dem anderen auf die Pappe zu treten, damit diese abreißt. Zuletzt kämpfen die Sieger der Gruppen gegeneinander.

Die Kinder müssen gut aufpassen bei diesem Spiel. Sie werden also auf die Erde hinuntergebracht, müssen ihre Aufmerksamkeit auf das lenken, was sich unter ihnen befindet. Im 9.–11. Lebensjahr hat das schon eine Bedeutung für das Kind. In späteren Altersstufen kann es sehr zur Belustigung und Entspannung beitragen, hat aber dann keine eigentliche Aktualität mehr.

Bärenringen

Für dieses kleine lustige Spiel braucht man nur eine Turnmatte. Man macht in der Mitte einen Strich. Zwei Spieler knien an den beiden Enden, fassen sich an den Händen, und nun versucht jeder, den anderen in seine Hälfte hinüberzuziehen. Dem Unterliegenden gibt man drei Schläge auf den Rücken.

Diese einfache Form eines kleinen Ringkampfes erfreut sich besonders bei den Kindern des 9.–10. Lebensjahres großer Beliebtheit, da sie ja selbst noch etwas tapsig sind und sich mit Leib und Seele in die Rolle des Bären hineinversetzen können.

Schwabentreten

Zwei Schüler fassen sich an den Händen und versuchen, sich gegenseitig auf die Füße zu treten. Wem dies zuerst ein dutzendmal gelingt, hat gewonnen.

Dieses Spiel sollte nur als heitere Einlage gebraucht werden. Es ist sehr lustig und hat daher eine anregende Wirkung. Immerhin muß man auch etwas auf seine Füße aufpassen. Schüler, die längere Zeit den Kopf sehr angestrengt haben, sollten es bei Gelegenheit einmal betreiben. (Ab 13. Lebensjahr)

Storchenringkampf

Fünf Spieler stehen auf einem Bein, das sind die Störche, der sechste darf mit beiden Beinen herumlaufen. Er ist gleichsam in das Storchennest eingedrungen und wird von den Störchen attackiert, die ihn wieder hinaustreiben wollen. Gelingt es ihnen, den Eindringling über einen Kreis von fünf Meter Durchmesser hinauszudrängen, dann haben die Störche gewonnen. Wer von diesen aber den anderen Fuß zu Hilfe nehmen muß, muß ausscheiden. Der Nesträuber hat gewonnen, wenn alle Störche ausgeschieden sind. Die Störche dürfen den Eindringling mit ihren Händen wegstoßen, der letztere darf seine Hände nicht gebrauchen, sondern nur seine Füße.

Vom 11. Lebensjahr an ist das Kind auf seinen persönlichen Vorteil bedacht, es will daher verteidigen, was es hat, und erlangen, was es noch nicht hat.

Krötenzweikampf

Man faßt mit seinen Händen um die Knöchel und kann sich dadurch nur schwer von der Stelle bewegen; der Vergleich mit der Kröte ist daher naheliegend. Die beiden Kröten gehen gegeneinander los und versuchen, den Gegner umzuwerfen oder zu veranlassen, daß er die Hände losläßt.

Dieses Spiel war auch den Griechen bekannt. Es zeigt den Menschen im Stadium einer beinahe grotesken Bewegungsunfähigkeit und löst daher, besonders wenn es sehr geschickte Kinder spielen, eine große Heiterkeit aus. (11. bis 13. Lebensjahr)

Stockkampf

Zwei Gegner sitzen mit angezogenen Beinen auf dem Boden einander unmittelbar gegenüber, so daß sich die Zehen berühren. Mit ziemlich enger Fassung halten die beiden einen Stock in den Händen. Jeder versucht, den anderen über die Trennungslinie zu ziehen.

Dieser Zweikampf wird von den Knaben sehr gern und oft mit großer Erbitterung ausgefochten. Es ist ein stilles, aber um so hartnäckigeres Ringen, bei dem es vor allem auf Durchhaltekraft ankommt. (14. Lebensjahr)

Haltekampf

Zwei Gegner befinden sich in einem Kreis von fünf Meter Durchmesser. Einer hat einen Tennisring, den er mit beiden Händen hoch über seinen Kopf hält. Der andere muß versuchen, an diesen heranzugelangen, ihn auf den Boden zu werfen und sich darauf zu stellen. Gelingt ihm das innerhalb einer Minute, dann hat er gewonnen.

Dasjenige, was man hochhält, sollte man stets mit allen Kräften verteidigen und nicht in den Staub treten lassen. Diese einfache Spielmoral leuchtet jedem ein, denn es steckt eine Wahrheit darin, die jeder versteht und selbst vertreten kann. Vom 13. Lebensjahr an haben die Schüler ein starkes Verhältnis gerade zu dieser Auseinandersetzung.

Tauziehen

Beim Tauziehen kommt es darauf an, seinen Standpunkt zu verteidigen und darüber hinaus möglichst viel Boden zu gewinnen, um schließlich das gesteckte Ziel zu erreichen. Die Aktionsrichtung ist nie nach vorn, sondern stets nach rückwärts gerichtet. Dadurch können nur ganz bestimmte Kräfte zur Auswirkung gelangen, nämlich solche des Ziehens, nicht solche des Drückens. Zug und Druck wirken aber sehr verschieden auf den Menschen. Die verlierende Partei gerät beim Tauziehen in den Sog der anderen, damit verliert sie ihre Struktur und ihre Spannkraft. Sie hört auf zu existieren, sie wird gewissermaßen assimiliert, eingeatmet, verzehrt.
Das ist wirklich eine Art Zusammenbruch, aber, und das ist das Schöne an der Übung, man will es nicht auf sich sitzen lassen und probiert es noch einmal. Vielleicht hat der Gegner sich schon verausgabt. Ein drittes und ein viertes Mal, so leicht kapituliert man nicht: Ausdauer und Stehvermögen geben den Ausschlag.

Tauziehen über Kreuz

Zwei Ziehtaue von je zehn Meter Länge werden über Kreuz verknotet und über ein Rechteck von 4×4 Metern gelegt. Wer in das Rechteck gezogen wird, scheidet aus, und ein anderer tritt an seine Stelle. Dann beginnt ein neuer Gang. Sieger ist, wer zum Schluß die meisten Gänge gemacht hat. Die Spieler müssen etwa gleich groß sein. Die Gruppe der Beteiligten besteht aus acht bis zwölf Teilnehmern.

Als persönliche Leistungsprobe ist dieser Wettkampf im 14.–15. Lebensjahr sehr zu empfehlen, da Einsatz und Standvermögen besonders gefördert werden.

Kopf durch die Wand

Ein dickes Kissen zwischen den Köpfen zweier Spieler, die fest gegeneinander drücken, ist notwendig. Jeder versucht, den anderen aus dem Feld zu schlagen. Wer einen Kreis von drei Meter Durchmesser zuerst verlassen muß, hat das Spiel verloren.

Für cholerische Kinder ist dieser Wettkampf manchmal geradezu ein therapeutisches Mittel, denn sie werden dort gepackt, wo der Wille über sie hinausschießen möchte. (10. Lebensjahr)

Kreisschleudern

In einem Kreis von drei Meter Durchmesser hält ein Spieler das Ende eines Strickes in der Hand. Ein anderer Spieler außerhalb des Kreises hält das andere Ende. Jeder versucht, den anderen auf sein Gebiet zu ziehen. Wer mit beiden Füßen draußen ist, hat verloren. Jeder Kampf besteht aus zwei Gängen, denn jeder muß einmal drinnen und einmal draußen gewesen sein.

Im 13. Lebensjahr treten zentrifugale Tendenzen als seelische Spannungsgefälle im Bewußtsein des Kindes auf. Sympathien und Antipathien ziehen es nach der einen oder anderen Seite. Die Macht der selbständig werdenden Gefühle ist unverkennbar. Ein Spiel wie das vorliegende kann aber dazu beitragen, daß Spannungen, die notwendig auftreten müssen, in einer gesunden Weise abreagiert werden, wenn sie auf das straff gespannte Seil gleichsam verlagert werden.

Faßdrücken

Es werden zwei Striche in etwa zehn Meter Abstand gezogen. In der Mitte befindet sich ein Faß. Wer dieses über den Strich bringt, hat gewonnen.

Das Faß ist für das Kind etwas beglückend Reales. Es hat so einen dicken Bauch, und da paßt so viel hinein. Es wackelt so schön, und man kann sich so gut dagegenstemmen. (9.–10. Lebensjahr)

Hahnenbalken

Ein Balken von 10 Zentimeter Dicke wird in 50–80 Zentimeter Höhe angebracht, rundum ist Sand, so daß man nach allen Seiten fallen kann, ohne sich weh zu tun. Zwei Kinder stehen auf dem Balken, jeder versucht, den anderen herunter zu bekommen. Wer zuerst den Boden berührt, hat verloren.

Der Hahnenbalken übt eine geradezu magische Anziehungskraft auf Kinder aus zwischen sieben und vierzehn Jahren, am stärksten zwischen neun und zwölf. In diesem Alter hat das Kind noch ein starkes Verhältnis zu allem Sittlichen, zum Auftrieb, es will nicht fallen, es will oben bleiben. Die kindliche Seele steht allen edlen und guten Einflüssen noch offen und empfindet das Symbolische dieses Spiels, sie will sich nicht in eine niedere Sphäre ziehen lassen und kämpft daher in einer gewissen Weise um ihr Menschentum, wenn sie danach trachtet, sich oben zu behaupten.

Stockringen

In einem Kreis von sechs bis acht Meter Durchmesser befinden sich zwei Gegner. Sie fassen gemeinsam eine drei bis vier Meter lange Stange in der Weise an, daß jeder mit der rechten Hand an das Ende der Stange greift, die linke umspannt den Schaft etwas vor der linken Schulter. Jeder versucht, den anderen durch Drücken aus dem Kreis herauszumanövrieren. Es ist streng darauf zu achten, daß die hintere Hand nicht losläßt. Wer nachgibt und das Ende der Lanze durch die Finger gleiten läßt, hat ebenfalls verloren. Am besten eignet sich zur Durchführung dieses Wettkampfes eine Aluminiumstange, wie man sie zum Stabhochsprung benützt.

In diesem kleinen Kampfspiel liegt ein großer pädagogischer Wert, denn es erzieht zur Unbeugsamkeit und zum letzten Einsatz. Man muß den Gegner stets in der Stoßrichtung auffangen, Kraft allein genügt hier nicht, sondern ein dynamisches Empfinden für die Stoßrichtung, die sich stets ändert. Diese elastische und trotzdem bedingungslose Auseinandersetzung stärkt das Persönlichkeitsgefühl in einem Alter, wo Kraft und Beweglichkeit sehr wichtig für einen jungen Menschen sind. (13.–14. Lebensjahr)

Geländespiel

Kein Ausflug sollte vergehen, ohne daß die Kinder nicht ein Spiel in Wald und Busch gemacht hätten. Eine recht zweckmäßige Art, ein solches Spiel durchzuführen, ist vielleicht die folgende:

Man sucht ein Waldstück mit Unterholz, in dem eine Lichtung vorhanden sein muß. In dieser legt man mit Reisig einen Kreis von etwa zehn Meter Durchmesser. Dann teilt man die Spielerschar in zwei Gruppen und lost aus, welche zuerst fortgehen darf. Die Spieler dieser Gruppe erhalten einen roten Faden um den Oberarm. Ihre Aufgabe ist es, innerhalb einer festgesetzten Zeit das abgesteckte Mal unversehrt, d. h. ohne daß der Wollfaden vorher abgerissen worden ist, zu erreichen.

Die zweite Gruppe, welche nach einigen Minuten die Verfolgung aufnimmt, darf nur zwei Wächter zurücklassen, die den Kreis aber nicht betreten dürfen. Allen übrigen Spielern dieser Partei ist es verboten, innerhalb der Lichtung Gefangene zu machen. Dieses erfolgt durch Abreißen des roten Fadens. Nach Ablauf einer halben Stunde wird das Spiel durch lautes Rufen und Pfeifen oder ein Hornsignal beendet. Bis dahin wird es einigen gelungen sein, das Freimal zu erreichen. Sind es mehr als die, die ihren Faden verloren haben, dann haben die Angreifer gewonnen, sonst ist es umgekehrt. Wer sich nach dem Schlußsignal mit dem Faden am Arm außerhalb des Males befindet, ist weder gefangen noch erlöst. Er kommt daher für eine Bewertung des Spielausganges nicht in Frage. Nach dem Spiel werden die Rollen getauscht.

Die hier beschriebene Spielform hat sich nach jahrelangen Erfahrungen als die zweckmäßigste herausgestellt. Sie hat nicht nur den Vorzug, daß die Kinder eine zentrale Stelle erreichen müssen und daher die Gefahr des Sichverlaufens sehr verringert ist, sie gewährt auch den verschiedenen Charakteren und Temperamenten einen großen Spielraum, um sich auszuleben.
Manches Kind wird seine Seligkeit daransetzen, sich gut zu verstecken, um möglichst nicht aufgestöbert zu werden. Anderen ist es mehr um den mutigen Durchbruch zu tun. Wieder andere lieben die Spannung des Verfolgtwerdens. Die Fänger entwickeln Ausdauer und Spürsinn oder legen sich auf die Lauer. Manche entwerfen strategische Pläne. Es kommt jeder auf seine Kosten, und hinterher gibt es Anlaß genug, das Erlebte lang und breit zu erörtern und Abenteuer und Erfahrungen auszutauschen.
Was man auf gar keinen Fall versäumen sollte, ist ein gemeinsames Erkunden vorher und das Einprägen bestimmter Marken, Baumgruppen, Häuser und Wege, die den Spielbezirk als solchen abgrenzen. (Ab 12. Lebensjahr)

Nachtgeländespiel

Zur Durchführung eines Nachtgeländespieles wähle man zwei Feldwege, die sich in einem spitzen Winkel schneiden. Der Kreuzungspunkt ist das Ziel der einen Gruppe, der Kaufleute, die in etwa 250 Meter Entfernung davon ihren Ausgangspunkt haben. Die Aufgabe jedes Spielers dieser Gruppe ist es, einen Gegenstand an die Wegkreuzung zu bringen. Unterwegs lauern jedoch die Räuber, die auf das ganze Terrain zwischen den beiden Wegen verteilt sind. Über die Wege nach außen hinauszugehen, ist nicht erlaubt. Gelingt es den Räubern, einem der Durchschleichenden drei Schläge zu geben, dann muß dieser sofort seinen Besitz aushändigen. Nach einer bestimmten Zeit wird festgestellt, wieviel Kaufleute ihren Besitz in Sicherheit gebracht haben und wieviel ihn verloren haben. Ist das Verhältnis zugunsten der Räuber, dann haben diese gewonnen, sonst ist es umgekehrt.

Bei Nachtgeländespielen sollte man sehr vorsichtig sein. Spitze Äste können leicht das Auge verletzen. Außerdem muß die Gefahr des Sichverlaufens in der Dunkelheit auf ein Minimum beschränkt werden. Es sollten daher immer Erwachsene mit Taschenlampen an den wichtigen Stellen postiert sein. Selbstverständlich muß das Gelände bei Tage sorgfältig ausgesucht und allen vertraut gemacht werden. Dunkle Kleidung (Trainingsanzug) ist zu empfehlen. Der Untergrund muß trocken und der Abend warm sein. Da ein solches Spiel schrecklich aufregend ist und die Phantasie einem alles mögliche vortäuscht, ist die Spannung außerordentlich groß. Zwischen Furcht und Abenteuerlust bewegt sich die Spanne des Erlebens, auf die kein Kind verzichten möchte. (Ab 13. Lebensjahr)

Schneeballschlacht

Hinter zwei parallelen Linien, die zwanzig Meter voneinander entfernt sind, nehmen zwei gleichstarke Parteien Aufstellung. Der Raum zwischen den Linien ist das Feld. Jeder Spieler darf innerhalb des Feldes seinen Gegner direkt angreifen, ihn zu Fall bringen, mit Schnee einreiben und dergleichen, doch muß er darauf achten, daß er nicht über die gegnerische Mallinie gezogen wird. In diesem Falle ist er ein Gefangener. Jeder Gefangene begibt sich sofort zum Schiedsrichter, er vermerkt es, und der Gefangene wird entlassen. Zum Schluß wird die Anzahl der Gefangenen für jede Partei ermittelt. Selbstverständlich wird während der ganzen Zeit von beiden Seiten tüchtig geworfen und manchem Angreifer das Leben dadurch schwer genug gemacht. Ist zu befürchten, daß Steine oder Eisstückchen im Schnee enthalten sind, dann sollte das Schneeballen auf alle Fälle unterbleiben, da eine Gefährdung der Augen nicht vermieden werden kann. Rasenplätze oder Eisflächen eignen sich am besten für eine Schneeballschlacht.

Das Formen der Schneebälle, der unbedingte Einsatz und der heitere, humorvolle Ausgang bei gelungenen Würfen erzeugen eine frohe Stimmung des Kraftüberschusses, von der stets eine belebende Wirkung ausgeht. Es gibt kein Kampfspiel, das einen Vergleich mit einer Schneeballschlacht aushalten könnte. Wo hätte man so viele Bälle, wo könnte man sich seine Geschosse so nach Maß zurechtmachen, wo könnte man so nach Herzenslust treffen, ohne daß wirklich etwas passiert. (Ab 10. Lebensjahr)

KLEINE RINGKAMPFSPIELE

Wer die Lehr- und Arbeitspläne unserer Schulen etwas genauer studiert, wird finden, daß ein Gebiet der körperlichen Erziehung stark im Hintergrund steht: das Ringen. An seiner Stelle nehmen die großen Kampfspiele wie Fußball und Handball fast den ganzen Raum ein. Man könnte diese Entwicklung gutheißen, wenn vom Schüler aus gesehen eine Notwendigkeit nach dieser Richtung hin vorläge. Tatsächlich ist dieses aber nicht der Fall.

Man kann, wenn man es mit Schülern der verschiedensten Altersstufen zu tun hat, immer wieder feststellen, daß ein Bedürfnis vorliegt, ganz elementar seine Kräfte zu messen, also sich zu balgen, zu ringen, zu rangeln oder wie man es sonst nennt. Daß dies nicht immer in der rechten Weise berücksichtigt wird, liegt allerdings oft auch an den Schwierigkeiten der technischen Durchführung. Es gehört nämlich eine geeignete Unterlage als unbedingte Voraussetzung dazu. Das kann entweder eine Sprunggrube sein, die voll mit Sand gefüllt ist, oder eine größere Matte.

Ein Einwand, der sonst leicht gemacht wird, ist der, es gehöre eine besondere Erfahrung dazu, das Ringen in einer vertretbaren Weise an den Schulen zu betreiben. Daß dies nicht den Tatsachen entspricht, zeigt die Praxis. Es ist nicht notwendig, bestimmte Griffe zu üben, es genügt schon, wenn man Ventile schafft, damit die überschüssigen Kräfte zur Auswirkung gelangen. Aufgabe der körperlichen Erziehung ist es, in dem Schüler das Gefühl zu erzeugen, sich nach besten Kräften eingesetzt zu haben. Am Ende sollte das Empfinden einer wohligen Entspannung da sein; der Schüler hat sich in einer gesunden Weise ausgelebt und schaut nun zu, wie die anderen es machen. Auch dieser Gesichtspunkt ist von Wichtigkeit.

Die vorliegenden kleinen Ringkampfspiele sollen dem Erzieher einige Anregungen geben, die nach eigenem Ermessen beliebig verändert werden können. In der hier dargestellten Form sind sie von Schülern der verschiedensten Altersstufen gespielt worden und haben sich bewährt.

Herr im Haus

Man zieht mit weißer Kreide ein Rechteck von 4×4 Metern auf den Mattenüberzug. Zwei Gegner versuchen, einander herauszudrängen. Wer dreimal zuerst den Boden berührt hat, oder wer mit beiden Füßen zuerst draußen ist, hat verloren. (12.–13. Lebensjahr)

Vierländerkampf

Man legt in jede Ecke der großen Matte eine kleine Turnmatte und läßt je zwei bis vier Schüler darauf Stellung beziehen. Jede Matte stellt ein Land dar, für welches gekämpft wird. Solange man mit beiden Füßen im eigenen Land steht, ist man in Sicherheit. Verläßt man dieses aber, dann kann man angegriffen und in ein feindliches Land gezogen werden. Sobald man mit irgendeinem Körperteil eine fremde Matte berührt, ist man Gefangener. In diesem Falle darf der Gegner einen Strich auf dem Boden machen und dann den Gegner freigeben. Gewonnen hat am Schluß die Partei mit den meisten Strichen.

Die Schüler bis zum 13. Lebensjahr spielen gerade dieses Spiel mit erstaunlicher Ausdauer und wollen oft gar nicht aufhören. Es ist in seiner Konzeption besonders für diese Altersstufen geeignet.

Wer kommt durch

Auch bei diesem Spiel braucht man die Turnmatten an den vier Ecken der großen Matte. Auf einer derselben befinden sich zwei Spieler, deren Aufgabe es ist, die diagonal gegenüberliegende Matte zu erreichen, ohne von den beiden Wächtern, die sich auf den anderen befinden, vorher zu Boden geworfen zu werden. Wer hingefallen ist, muß sofort zurück. Bei dreimaligem Mißlingen hat er verloren und muß ausscheiden. Ein anderer tritt an seine Stelle.

Dieses Spiel ist besonders für die 10–13jährigen geeignet, für die es tatsächlich etwas bedeutet, wenn sie eine Probe ihres Mutes und ihrer Geschicklichkeit abzulegen haben.

Kampf um das Zentrum

Vier Angreifer befinden sich an den vier Ecken der großen Matte, in der Mitte liegt eine gewöhnliche Turnmatte, die von vier Wächtern bewacht wird. Gelingt es einem Angreifer, mit beiden Füßen darauf zu stehen, dann hat er einen Durchbruch erzielt. Die Verteidiger dürfen die Matte selbst nicht betreten. Ein Angreifer, der dreimal zu Boden geworfen wird, muß ausscheiden. Die Anzahl der Durchbrüche entscheidet über den Sieg.

Dieses Spiel erzieht zur Einsatzfreudigkeit und Durchhaltekraft, es eignet sich besonders für Schüler zwischen zwölf und vierzehn Jahren.

Durchbrechen

Ein Wächter verteidigt eine Linie, kommt sein Gegner davor zu Fall, hat er gewonnen, kommt er dahinter zu Fall, hat jener gewonnen. Der jeweilige Sieger wird Wächter. Jeder Wächter zählt seine Siege.

Dieser Wettkampf erfreut sich großer Beliebtheit bei Schülern in den Entwicklungsjahren.

Raubritter

Zwei Turnmatten befinden sich diagonal in zwei gegenüberliegenden Ecken. Jede gehört einem Raubritter. Die Matte ist die Burg. Ziel der beiden Gegner ist es, die Burg des anderen zu erobern. Dies geschieht dadurch, daß sie mit irgendeinem Teil ihres Körpers die gegnerische Matte berühren.

Diese Art des Zweikampfes ist außerordentlich spannend. Sie eignet sich besonders für Schüler der Unter- und Mittelklassen.

Heben und Werfen

Zwei Gegner stehen einander gegenüber. Der eine hat gewonnen, wenn es ihm gelingt, den anderen vom Boden zu heben, so daß kein Teil seines Körpers mehr die Matte berührt. Der andere hat gewonnen, wenn es ihm gelingt, den

Gegner zu Fall zu bringen, so daß er mit irgendeiner Partie des Körpers außer den Beinen den Boden aufsuchen muß. Wer zuerst drei Siege für sich verbuchen kann, hat den Kampf für sich entschieden.

Diese Form des Ringkampfes sollte vor der Pubertät nicht geübt werden. Von diesem Zeitpunkt an aber hat sie eine erzieherische Bedeutung für den heranwachsenden jungen Menschen.

Belagerungskampf

Die gleiche Anzahl Spieler befindet sich auf der Matte wie außerhalb derselben. Die Belagerer greifen an und versuchen, die Gegner von der Matte herunterzuziehen. Kommt ein Angreifer zu Fall, dann ist er gefangen. Das Spiel endet, wenn eine Partei „ausgerottet" worden ist.

Bei diesem Spiel entscheidet die rasche Reaktionsfähigkeit und das Erfassen des günstigen Augenblickes, um einen persönlichen Vorteil zu erkämpfen. Es ist daher für Schüler der Mittelklassen sehr geeignet.

Ballringkampf

An den drei Ecken der Matte steht je ein Spieler, an der vierten liegt ein Medizinball. Auf das Zeichen des Schiedsrichters versucht jeder der drei Spieler, sich in den Besitz des Balles zu setzen und ihn auf einen in der Mitte deutlich markierten Kreis von etwa 20 Zentimeter Durchmesser hinzulegen. Es entstehen durch die Mannigfaltigkeit der Spielmöglichkeiten sehr wechselnde Situationen, die den einzelnen Spieler immer wieder vor neue und unverhoffte Probleme stellen.

Der Kampf um den Ball ist zu einem Zeitproblem geworden. Während es in der Antike galt, das Ego zu entwickeln, was im Ringkampf seinen stärksten Ausdruck fand, kämpft das Ich heute um höherer Ziele willen, für die der Ball das entsprechende Wertsymbol darstellt. Diesen an einen zentralen Punkt zu befördern, bedrängt von zwei Gegnern, ist etwas, was als Spielidee den Jungen außerordentlichen Spaß bereitet, da ein lustiges Balgen mit einem sehr konsequenten Zielgedanken verbunden ist. (14.–15. Lebensjahr)

Ballringkampf als Gruppenspiel

Vier Spieler, von denen je zwei zusammengehören, stehen nebeneinander an einer beliebigen Seite der Matte. Genau gegenüber auf der anderen Seite liegt der Medizinball. Auf das Zeichen des Schiedsrichters beginnt der Kampf. Jede Partei versucht, sich in den Besitz des Balles zu setzen und mit ihm den Mittelpunkt zu erreichen. Die Gegner setzen alles daran, um das zu verhindern, ergreifen aber jede Gelegenheit, um ihrerseits den Kampf für sich zu entscheiden.

Da weder eine besondere Technik verlangt wird oder besonders komplizierte Regeln zu befolgen sind, können die natürlichen Fähigkeiten voll eingesetzt werden. Selbst Schüler, die sich sonst gar nicht gern anstrengen, werden vom Kampfeseifer gepackt und setzen sich in einer Weise ein, wie man es sonst von ihnen nicht gewohnt ist. Dies hängt vielleicht mit dem urtümlichen Charakter des Spielgeschehens zusammen, der infolge seiner oft überraschenden und völlig unvermuteten Situationen bei aller Anstrengung eine durchaus heitere Note erhält. Als Schiedsrichter muß anfangs der Lehrer selbst fungieren, später überläßt er es den Schülern, für eine einwandfreie Durchführung des Kampfes selbst zu sorgen. (14.–15. Lebensjahr)

Der Kampf um das goldene Vlies

Unter diesem Namen sind Gruppenringkämpfe zu verstehen, die sich vom 12. Lebensjahr an größter Beliebtheit erfreuen. Das goldene Vlies ist eine einfache Turnmatte (möglichst mit Lederschlaufen), in deren Besitz jede Partei zu gelangen trachtet. Es können zwei, drei oder vier Parteien darum kämpfen. Man legt die Matte in die Mitte des Platzes oder der Halle. Im gleichmäßigen Abstand zeichnet man die Male auf den Boden, hinter denen die Parteien Aufstellung nehmen. Nachdem der Schiedsrichter das Zeichen gegeben hat, versucht jede Partei, die Matte in das eigene Mal zu ziehen.
Man kann die Matte auch in einen Kreis legen (10–15 Meter) und von einer Partei verteidigen, von der anderen angreifen lassen.

Unter den Beschäftigungsspielen gibt es eine Anzahl, die besonders zur Geschicklichkeit anregen. Ungeschickte Menschen haben es schwer im Leben, denn sie werden irgendwo doch nicht ganz für voll genommen. Seinem wahren Charakter entsprechend ist der Mensch so eingerichtet, daß sein Tun im umfassendsten Sinne als sittlich-moralische Gebärde aufgefaßt werden kann. Dazu gehört aber auch eine gewisse Meisterschaft in den manuellen Fertigkeiten. Das Bild des Handelnden darf nicht durch Unsicherheit oder Fehlerhaftigkeit getrübt werden, sondern muß jene Werte ausstrahlen, die zu einer wahren Persönlichkeit gehören, also Sicherheit und Können, damit dasjenige, was man ausdrücken will, auch wirklich zum Vorschein kommt.

Um das zu erreichen, muß schon das Kind an sich arbeiten und danach trachten, mit den äußeren Dingen so fertig zu werden, wie es seiner inneren Veranlagung entspricht. Ob es sich um einfaches Werfen und Fangen oder um kompliziertere Bewegungsvorgänge handelt, alles, was nach dieser Richtung hin unternommen wird, schafft Kontakte, verbindet mit der Welt und bewirkt, daß der Mensch in einer Fülle von lebendigen Beziehungen zu seiner Umwelt steht. Das tote Ding bekommt Leben, das Interesse am Gegenstand wird geweckt, die Liebe zum Dasein wird erhöht.

Greifen und Begreifen haben eine tiefe Beziehung zueinander, denn Tun und Denken sind nicht so weit voneinander entfernt, wie mancher es glaubt. Wer geschickt ist in seinen Händen, handelt aus der beweglichen Struktur seines Bildekräfte-Leibes, der auch gleichzeitig der Träger eines lebendigen Denkens ist.

Balancieren

Das eigentliche Balancieren gehört in die Zeit zwischen dem siebten und vierzehnten Lebensjahr. In diesem Lebensalter soll das Kind sein seelisches Gleichgewicht finden. Es soll den rechten Weg gehen, d. h. das Wahre, Schöne und Gute lieben lernen. Das umfassende Symbol für diese innere Einstellung ist das Schreiten auf einem schmalen Steg über einen Abgrund. Wer führt das

Kind? Wer hält es im Gleichgewicht? Es sind die Kräfte der Mitte, es ist das eigentlich Menschliche oder, mehr seelisch betrachtet, es ist das in ihm schlummernde Gute, das über Klippen und Abgründe hinweg die eigentliche Persönlichkeit doch schließlich an den Ort ihrer Bestimmung führen soll. Je schmaler der Weg, um so schwieriger ist es, sich zu behaupten, denn man muß die Kraft dazu ja aus sich selbst holen. Verliert der Mensch das Gefühl für die Aufrechte, dann ist es schlimm um ihn bestellt.

Alle Balancierübungen wecken besonders diese Fähigkeiten, und es wäre geradezu eine nicht wiedergutzumachende Unterlassungssünde, wenn man sie in dem dazu in Frage kommenden Alter nicht ausführen würde. Bei jedem Schritt, den das Kind auf dem Balancierbalken, der Stange oder dem Seil tut, sagt etwas in ihm: Halte dich oben und falle nicht nach rechts oder nach links. Es gibt gar kein besseres Mittel, um eine gewisse Lebensmaxime, die zum sittlichen Bestandteil eines jeden Menschen gehört, bis in die Tiefen des Wesens zu verankern, als das Balancieren.

Allerdings muß es auch wirklich geübt und später gekonnt werden. Die Schwierigkeiten müssen gesteigert werden, das Kind muß allmählich lernen, mit der schmalen Unterlage wirklich vertraut zu werden, z. B. auch einen Ball zu fangen oder einen Gegenstand auf dem Kopf auf die andere Seite zu befördern. Zuletzt sollte man es dahin bringen, über ein straff gespanntes Drahtseil zu gehen, das in Kniehöhe angebracht ist. Die technischen Bedingungen der Montage dürften mit Hilfe eines Spannschlosses nicht allzu schwierig sein.

Hat das Kind im 13. Lebensjahr gelernt, auf dem gespannten Seil mit einiger Sicherheit zu gehen, dann hat es für sein ganzes Leben etwas in sich aufgenommen, was als moralischer Impuls für die spätere Persönlichkeit von außerordentlichem Nutzen sein kann.

Der senkrechte Stab

Eine Übung, die unter gar keinen Umständen versäumt werden sollte, ist das Balancieren mit dem Stab. Ist es schon schwierig genug, sich selbst im Gleichgewicht zu halten, noch schwerer ist es, einen senkrecht stehenden Stab auf der Hand geradewegs an einen vorher bezeichneten Ort zu bringen. Man wird die verschiedensten Wege machen müssen, ehe es einem gelingt, überhaupt an das Ziel zu gelangen. (12. Lebensjahr und älter)

Drei Bälle

Zwei Spieler werfen einander einen Ball zu. Diese Übung ist nicht schwer, denn jedes gesunde Kind entwickelt bald die notwendige Einstellung und Realistik, um nicht vorbeizugreifen oder den Ball fallenzulassen. Anders ist es schon mit zwei Bällen, jeder hat einen und beide kreuzen sich in der Mitte. Hier wird sich nach einiger Zeit von selbst ein Rhythmus ergeben. Mit drei Bällen zu werfen, stellt die beiden Partner aber vor ganz neue Probleme, denn jetzt bekommen die Bälle so etwas wie ein Eigenleben. Der Werfende wird gleichsam hineingerissen in den Kreislauf eines Bewegungsgeschehens, das mit unerbittlicher Folgerichtigkeit in rhythmischer Präzision abläuft. Er hat sich dem zu fügen, was er selbst geschaffen hat.

Für den jungen Menschen kann dieses Erlebnis sehr tiefgreifend sein, besonders dann, wenn ihm dieses kleine Kunststück zunächst gar nicht gelingen will. Es setzt nämlich voraus, daß man bis zu einem gewissen Grade von sich selbst loskommt und sich in einen dynamischen Prozeß eingliedert. (14.–16. Lebensjahr)

Springkobold

Man zieht einen Kreis von fünf Meter Durchmesser und gibt dem Spieler die Aufgabe, zwei Bälle möglichst lange springen zu lassen. Es ist immer einer da, der laut und vernehmlich zählt, wie oft man die Bälle berührt hat.

Es ist für viele Kinder sehr schwer, dieses kleine Kunststück fertig zu bekommen, sie sind einfach zu fest und unbeweglich. Ein gutes Mittel, sie etwas in Bewegung zu bekommen, ist gerade dieses Spiel, das Aufmerksamkeit und innere Beweglichkeit in einer günstigen Weise beeinflußt. (11.–12. Lebensjahr)

Fangballspringen

Fünf Meter von einer Wand entfernt wird eine Leine in 60 Zentimeter Höhe über zwei Sprungständer gespannt. Im gleichen Abstand davon nach der anderen Seite wird ein Strich auf dem Boden gezogen. Einige Schritte von diesem Strich entfernt nimmt der Spieler seinen Anlauf; hat er den Strich erreicht, dann wirft er den Ball gegen die Wand, läuft weiter und muß ihn gerade so erreichen, daß der Ball nach einmaligem Aufprallen im Sprung über die Sprungschnur gefangen werden kann. Gelingt der erste Versuch, dann wird die Leine fünf Zentimeter höher gemacht. Sieger ist derjenige, welcher zuletzt den höchsten Fangballsprung gemacht hat.

Am Anfang gelingt dieses schwierige Kunststück nur wenigen Schülern. Erst wenn man die notwendige Geistesgegenwart und das erforderliche Geschick erlangt hat, findet man die rechte Einstellung dazu. Es ist ja mancherlei, was zusammenkommt, der Wurf, der Lauf, der Sprung und der Fang. Alles muß in der rechten Weise aufeinander abgestimmt sein. Man kann diese Übung aber nur empfehlen, denn sie erzieht in einem ganz besonderen Maße zur Selbstkontrolle. (13. Lebensjahr)

Stockspringen

Eine rechte Jugendbeschäftigung ist das Springen mit einem glatten, festen Stock von zwei bis drei Meter Länge. Damit kann man einen Graben, eine Hecke oder einen Zaun überwinden. Die Kinder in der Stadt haben allerdings nicht diese Möglichkeit. Ihnen sollte man in der Turnstunde einen Ersatz dafür schaffen, indem man sie über eine Sprungschnur, einen Bock oder eine Vertiefung springen läßt.

Bei dieser Beschäftigung kann der junge Mensch im buchstäblichen Sinne des Wortes Einsatzfreudigkeit praktizieren. Aus dem Lauf heraus muß der Stock oder die Stange sicher und richtig in den Boden eingesetzt werden, damit man sich von einem festen Punkt aus in die Höhe oder Weite schwingen kann. Was der Knabe daran lernt und fürs Leben mitnimmt, sollte nicht unterschätzt werden, denn manchmal kommt es sehr darauf an, daß man es fertig bekommt, sich auf einen höheren Standpunkt zu schwingen, oder daß man sich aufschwingt, um etwas zu erreichen. (12.–13. Lebensjahr)

Spiele mit dem Luftballon (für alle Altersstufen)

Drei Ballons gleichzeitig: Wer am längsten drei Ballons in der Luft halten kann, bekommt eine Belohnung.

Wettlauf mit einem Ballon: Es ist schwieriger, als man denkt, denn der Ballon will nicht immer dahin, wohin man selbst möchte.

Ballonzweikampf: Zwei Gegner versuchen, den Ballon mit der flachen Hand über die gegnerische Spielfeldhälfte hinauszutreiben. Es wird abwechselnd geschlagen. Luftballons entziehen sich in ihrer Dynamik einer ballistischen Berechnung. Man weiß nie, wohin sie gehen. Dieser Unsicherheitsfaktor macht das Spiel und besonders den Wettkampf zu einem heiteren Zeitvertreib.

Freischießen des Ballons: Auf einem Behälter (Tonne, Kasten oder dergleichen) liegt ein Deckel, der mit einer senkrecht stehenden Stange versehen ist. Trifft man die Stange, dann fällt der Deckel herunter, und ein Luftballon wird frei und fliegt in die Luft. Diese Art der Belohnung für einen Treffer mit einem Ball oder einem stumpfen Speer macht den Kindern großen Spaß und ist bei Festen im Freien sehr zu empfehlen.

Diabolo

Ein uraltes Spiel, dessen Herkunft in den Fernen Osten weist, ist das Diabolospiel. Zwei Stöckchen sind mit einer Schnur verbunden, auf der man einen doppelten Kegel tanzen läßt, der durch einseitiges betontes Ziehen in schnelle Rotationen versetzt wird. Der in Bewegung befindliche Körper kann hochgeworfen und aufgefangen werden. Dem Könner erschließen sich eine ganze Anzahl von neuen Spielmöglichkeiten.

Ein ungemein feines Gefühl, subtiles Spannungsvermögen und sichere Reaktionen werden benötigt, um dieses Spiel bis zu einem gewissen Grade zu beherrschen. Alles Eckige und Grobschlächtige muß verschwinden. Das Kind wird dazu angehalten, eine spielerische Eleganz zu entwickeln. (11.–12. Lebensjahr)

Jojo

Von Zeit zu Zeit taucht es immer wieder auf, das gute alte Jojospiel, das rundliche Stück Holz, mit der tiefen Rille in der Mitte und dem langen Bindfaden, an dem es sich auf- und abrollt.

Für viele Kinder wäre es sicherlich gut, wenn sie sich mit diesem Spielzeug beschäftigen würden, denn unsere Zeit macht die Kinder frühzeitig hart, egoistisch und abweisend. Durch ein Spiel wie dieses weckt man das Lebensgefühl in einer gesunden Weise, indem man das Kind an einem Vorgang teilnehmen läßt, der wie Ein- und Ausatmen seinen Rhythmus und sein Spannungsgefälle besitzt. Außerdem erzeugt es die Freude am eigenen Tun und weckt bestimmte Kräfte des Schöpferischen, wie sie jedes richtige Spiel auszulösen imstande ist. (Ab 11. Lebensjahr)

Klipp oder Kippel-Kappel

Man legt ein Aststück von 10 Zentimeter, das an beiden Seiten zugespitzt ist, über zwei Steine oder eine in den Boden gezogene Rille. Mit einem Stock, dessen eines Ende daruntergeschoben wird, schleudert man es so weit wie möglich. Der Gegenspieler darf es fangen, beidhändig zählt 25 Punkte, einhändig 50. Nach dem Fortschleudern wird der Stock quer über die Rille gelegt und muß nun von der Stelle, wo das Hölzchen entweder gefangen oder zu Boden gefallen ist, getroffen werden. Gelingt dieses dem Werfer, dann wechseln die Spieler. Kommt das Hölzchen nur in die Nähe des Stockes, dann darf der Schleuderer auf das angespitze Ende klopfen, damit es hochschnellt, und aus der Luft nachschlagen. Im Ganzen darf er dreimal klopfen und nachschlagen. Dann zählt er die Schritte (Punkte) bis zur Rille. Darnach wird gewechselt. Es können auch mehrere Teilnehmer in zwei Parteien spielen.

Dieses über die ganze Welt verbreitete Spiel hat unzähligen jungen Menschen die Möglichkeit geboten, ihren Nervensinnesmenschen und ihren Bewegungsmenschen in ein rechtes Verhältnis zu bringen. Im 11.–12. Lebensjahr will das Kind seinen Bewegungsorganismus den räumlichen Verhältnissen möglichst genau anpassen, es will mit den Dingen fertig werden. Auge und Hand müssen aufeinander abgestimmt werden, das rasche Erfassen und geschickte Ausnützen einer Situation will geübt sein. In einem Alter, wo der Raum eigentlich erst vom Kinde entdeckt wird und der persönliche Zielgedanke erwacht, ist das Abschreiten einer Distanz sowie das Treffen eines Gegenstandes etwas wie ein Meilenstein auf dem Wege zu sich selbst.

Klinkern

Unter „Klinkern" verstehen wir das Gehen auf Ziegelsteinen, meist sind es zehn bis zwölf, die in 50 Zentimeter Abstand hingelegt oder aufgestellt werden.

1. flach und darübergehen,
2. schmalkant und darübergehen,
3. hochkant und darübergehen mit zwei Stöcken,
4. hochkant und darübergehen mit einem Stock,
5. hochkant und darübergehen ohne Stock.

Wer einen Stein umwirft oder mit einem Fuß auf die Erde kommt, muß neu beginnen. Die Schwierigkeiten wachsen mit jeder neuen Übung und sind schließlich so groß, daß kaum eines der Kinder sie bewältigt. Es wird nach Klassen eingeteilt. Wer dreimal eine Tour fehlerlos besteht, kommt in die nächsthöhere Klasse. (12. Lebensjahr)

Flaschenreiten

Auf glattem Boden wird über eine Flasche ein starkes, aber nicht allzu langes Brett gelegt. Man muß sich auf dem Brett stehend so ausbalancieren können, daß keine Seite den Boden berührt. Es wird dann gezählt, wer die längste Zeit aushält oder eine vorher festgelegte Zeitspanne erreicht. (12.–13. Lebensjahr)

Wurfsprung

Fünf Meter von einer Sprunggrube entfernt stehen zwei Sprungständer mit einer Leine in 80 Zentimeter Höhe. Der Springer hat einen gewöhnlichen Pflasterstein und versucht, damit über die Leine zu springen und, während er in der Luft ist, den Stein in die Sandgrube zu stoßen.

Die Übung hat als Willens- und Konzentrationseinschlag für 14-16jährige eine große Bedeutung, denn sie erzieht zu einer maximalen Steigerung der Kräfte und zu einem Wachsen über sich selbst hinaus. Hat der Springer den höchsten Punkt erreicht, muß er sich noch einmal einen Impuls geben. Erfahrungsgemäß hat diese Übung die Wirkung, daß Spannung und Gestrafftheit sich nach kurzer Zeit einstellen.

Pfennigfangen

Man klemmt ein Geldstück in die Armbeuge, hält den Arm waagerecht in Schulterhöhe, streckt dann plötzlich den Arm voll in die Waagerechte aus und muß nun das Geldstück, das zu Boden fällt, mit derselben Hand fangen. Wer es zuerst zehnmal nacheinander schafft, ist König. (11.–12. Lebensjahr)

Steinchenprellen

Man kreuzt beide Füße und legt auf den hinteren ein Steinchen. Dann hebt man den vorderen Fuß mit einem plötzlichen Ruck in die Höhe und versucht, mit dem hinteren das Steinchen so weit wie möglich zu schleudern.

Das Kind wird durch diese Übung in seinen unteren Extremitäten geschickter und damit bewußter. Es lernt, mit seinen Füßen etwas zu tun, worauf man seine Aufmerksamkeit zu richten hat, und das ist gut, denn wenn es nicht richtig in seine Glieder hineinwächst, äußert es sich durch unbewußte Reflexe. Man hat heute vielfach vergessen, daß das Kind sich seinen Körper nach den verschiedensten Richtungen hin erobern muß und daher eine ganze Menge spielerischer Beschäftigungen braucht, um Herr über seine Gliedmaßennatur zu werden. (12.–13. Lebensjahr)

Kreuzchensprung

Während des Sprunges über eine Schnur muß mit Kreide ein Kreuz auf eine Tafel gemacht werden.

An einer solchen Übung merkt man oft erst, was manche Kinder noch zu lernen haben, um einigermaßen mit sich und den Verhältnissen fertig zu werden. (Ab 11. Lebensjahr)

Känguruh

Man lehnt mit flachen Händen schräg gegen eine Wand, drückt sich dann etwas davon ab und springt nach vorn in die Senkrechte. Es gehört schon einige Körperbeherrschung dazu. (11.–13. Lebensjahr)

Wandspringen

Etwas Ungewohntes ist das Springen über das eigene Bein. Man stützt den rechten Fuß in Kniehöhe gegen die Wand und springt mit dem linken darüber, wobei eine Rechtsdrehung erfolgt. Andersherum entsprechend. Am besten geht es mit Anlauf. Eine Matte ist notwendig. (12.–13. Lebensjahr)

Aaldrehen

Man stellt sich schräg gegen eine Wand oder einen Pfahl und dreht sich einmal ganz um seine Längsachse. Das nächste Mal macht man es tiefer. Das geht so lange weiter, bis man dabei hinfällt. Wer den tiefsten Angelpunkt erreicht hat, hat es am besten gemacht.

Die zu diesem Zweck erforderliche Spannkraft ist nicht gering und muß von Mal zu Mal gesteigert werden. Viele Kinder hängen zu lose in ihren Gliedern, als daß sie die innere Gerafftheit aufbrächten, die notwendig ist. Für sie ist diese Übung gerade das Richtige. (11.–13. Lebensjahr)

Mit Beschäftigungen sind Spiele gemeint, die keinen eigentlichen Wettkampf- oder Tummelcharakter haben, sondern besinnlicher Natur sind. Das Kind kann sie über längere Zeit entweder allein oder mit wenigen Partnern betreiben. Kreiselspiele, Hinkekasten und vor allem Marmelspiele gehören dazu. Diese Spiele stellen einen notwendigen Pendelschlag nach der Seite der Vertiefung dar. Die eigentlichen Laufspiele bringen das Kind aus sich heraus, die eben genannten bringen es in sich hinein. Wenn auch zum Beispiel Seilspringen, Schaukeln und Rollschuhlaufen den Bewegungscharakter nicht vermissen lassen, wirken sie trotzdem auf die Seelenstärke des Kindes in einer förderlichen Weise durch die Wiederholung. Der gleiche Bewegungsvorgang wiederholt sich immer wieder und wird schließlich von der ätherischen Organisation aufgenommen und damit zur Gewohnheit.

Sinnvolle Gewohnheiten aber sind das Beste, was man dem Kinde mitgeben kann, denn jegliches Spielgeschehen hat innere Formkraft und wirkt durch die feinen Impulse, die es auslöst, auf die Kräftenatur des Kindes, die dem Geistig-Moralischen noch sehr offen steht. In vielen der beschriebenen Tätigkeiten waltet eine Ursymbolik, die in die Tiefen des Daseins weist und dem Kinde ein Gefühl der inneren Befriedigung geben kann, da es im Irdischen etwas findet, was auf die kosmischen Hintergründe hindeutet, denen es entstammt.

Kreiselspiel

Der von der Peitsche getriebene Kreisel ist ein so bekanntes Spiel, daß es nicht näher beschrieben zu werden braucht. Leider ist es, wie so vieles andere, aus der Mode gekommen und hat dem technischen Spielzeug weichen müssen, bei dem der Antrieb nicht mehr vom Kinde ausgeht, sondern von der Feder, von der Elektrizität usw. Dadurch wird eine Jugend groß, die es schon frühzeitig verlernt, aus eigener Kraft etwas in Bewegung zu setzen.

Die beste Zeit, das Kreiselspiel zu beginnen, liegt um das siebte Lebensjahr. In diesem Alter beginnt eine durchgreifende Metamorphose das Kind zu erfassen. Eine feine ätherische Hülle, die das Kindeswesen bis dahin umgeben hat, zerbricht, dafür erwacht aber im Kinde selbst ein Empfinden für Funktionen ätherischer Natur. Es streift seine Hülle ab, ähnlich wie das Küken aus dem Ei schlüpft, nur nicht physisch-leiblich, sondern geistig-ätherisch.

Ein Bild für dasjenige, was es gleichsam verlassen hat, ist der Kreisel. So wie von außen die kosmischen Kräfte die Ätherhülle des Kindes in Bewegung gehalten haben, so hält jetzt das Kind den Kreisel in Bewegung. Es übernimmt Funktionen, die vorher in anderen „Händen" lagen. Das Kreiselspiel ist ein wunderbares Symbol dafür.

Um seinen ätherischen Organismus auch später in ständiger Bewegung zu halten, ist es notwendig, sich dauernd neue sittliche Impulse zu geben. Man unterschätze auch daher nicht das ungeheuer Anregende für die kindliche Psyche, der es gelingt, etwas Totes gleichsam zum Leben zu erwecken und durch eigene Anstrengung auch darin zu erhalten. Gewiß, es ist die Freude am Spiel, die den Impuls auslöst, aber eben deshalb, weil kein Zweck damit verbunden ist, kommt der Impuls aus tiefen Seelenschichten und ist daher um so bedeutender.

Reifenschlagen

Wie so manches andere ist auch das Reifenschlagen heute aus der Mode gekommen. Es hat anderen Spielzeugen Platz machen müssen. Diese Entwicklung ist sehr bedauerlich, denn das Reifenschlagen kann bedeutende Impulse auslösen, wenn es im richtigen Alter betrieben wird. Wenn die zweiten Zähne kommen, ist das Kind reif für diese Beschäftigung. So wie diese ein Zeichen dafür sind, daß Kräfte, die vorher am Leibesaufbau tätig waren, frei geworden sind, so ist der Reifen, den das Kind neben sich hertreibt, ein Zeichen dafür, daß es zum eigenen selbständigen Tun erwacht ist. Gibt man ihm in diesem Zeitpunkt die Möglichkeit zum Reifenschlagen, dann tut man etwas sehr Gutes, denn in dieser Tätigkeit wird symbolhaft zum Ausdruck gebracht, was das Kind tun muß, um sein eigenes Schicksal zu meistern. Man muß tätig sein, in Bewegung bleiben, sich dauernd einen Antrieb geben, seine Richtung nicht verfehlen, den rechten Takt, das richtige Maß und das richtige Tempo finden.

Hinkekasten

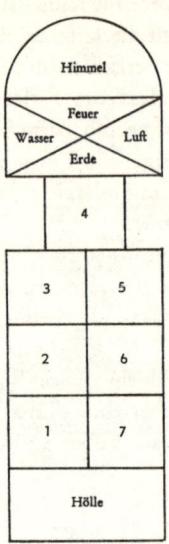

Es gibt die verschiedensten Arten von Hinkekästen, denn im Laufe der Jahrhunderte haben sich die Spielformen in der mannigfaltigsten Art gewandelt. Zur Erklärung soll die vorliegende Form gewählt werden, weil sie der ursprünglichsten Bedeutung am nächsten zu stehen scheint.

Wichtig an jedem Hinkekasten ist, daß Himmel und Hölle vorhanden sind. Wer alle Proben bestanden hat, kommt in den Himmel, wer nicht, der muß in die Hölle. Das eigentliche Spielgerät ist ein Steinchen. Mit diesem muß der Spieler durch die sieben Felder wandern. Die Hölle darf er nicht betreten, er muß bei jedem Spiel darüber hinwegspringen. Fangen wir also an:

Der erste Spieler hat vor sich den Hinkekasten und steht unmittelbar vor der Hölle, auf der anderen Seite ist der Himmel, in den er ja hinein will. Er wirft das Steinchen in das Feld Nr. 1, springt über die Hölle, nimmt das Steinchen auf und hüpft auf einem Bein in das Feld 2 und 3. In Nr. 4 kann er sich umdrehen und auf beide Beine springen. Dann geht es auf einem Bein weiter in das 5., 6. und 7. Feld über die Hölle zurück zur Basis. Beim zweiten Durchgang wird das Steinchen in Nr. 2 geworfen usw. Nach sieben Durchgängen gehört dem Spieler eines der Dreiecke. Jedes ist gleichsam ein Dach. In den vier Häusern wohnen vier Herren: Der Herr der Erde, des Wassers, der Luft und des Feuers. Herr der Erde wird man, wenn man das Steinchen, nachdem es in das betreffende Feld geworfen worden ist, in die Hand nimmt und weiterhüpft. Herr des Wassers wird man, wenn man es statt in der Hand in der Kniekehle hält, Herr der Luft, wenn man das Steinchen bei jedem Sprung hochwirft und auffängt, und Herr des Feuers, wenn man es mit dem Fuß jeweils in das nächste Feld weiterbefördert. Wer zuerst die vier Häuser besetzt hat, kommt in den Himmel.

Die Seelenlage des Kindes zwischen sieben und neun Jahren eignet sich vorzüglich für Spiele wie dieses, da dem Kinde noch ein Stück Urweisheit innewohnt, das mit neun bis zehn Jahren verlorengeht. Es nimmt daher den tiefen Sinn eines Spieles in sein Gemütsleben mit hinein und legt damit eine Art sittliches Fundament für spätere Zeiten.
Man hat durch die Arbeit mit dem Steinchen, das man sorgfältig vorangebracht hat, zuletzt ein Gebiet erschlossen, für das es im Volksmund den Namen Himmel gibt. Gemeint ist aber damit nichts anderes, als daß die Seele durch fortwährendes Üben eine gewisse Verwandtschaft zum kosmischen Prinzip erlangt und dadurch teilhaben kann am Leben der höheren Sphären.

Seilspringen

Teddybär, Teddybär dreh dich um.
Teddybär, Teddybär mach dich krumm.
Teddybär, Teddybär zeig dein' Fuß.
Teddybär, Teddybär mach ein' Gruß.
Teddybär, Teddybär Augen zu.
Teddybär, Teddybär wie alt bist du?

Nach diesem kleinen Vers üben viele Kinder ihre kleinen Kunststücke beim Seilspringen. Sie tun genau das, was der Inhalt des Sprüchleins ihnen vorschreibt. Zuletzt hüpft jeder solange er kann und mag.
Trotz aller Bedrohung durch die Technik hat das Springen mit dem Seil seine volkstümliche Beliebtheit noch nicht ganz eingebüßt. Die Technik des Seilspringens ist so bekannt, daß sie nicht näher beschrieben zu werden braucht. Anders ist es dagegen mit Sinn und Bedeutung dieser urtümlichen Beschäftigung.
Hüpfen und rhythmischer Umlauf kennzeichnen das Wesen des Seilspringens. Alle Kinder hüpfen gern, denn es ist ein Überschuß an Auftrieb in ihnen vorhanden. Alles am Kinde ist nach oben hin orientiert. Körperliches und Geistig-Seelisches sind noch nicht zur Deckung gekommen. Das Bewußtsein des Kör-

perlichen ist noch nicht erwacht, denn die Seele des Kindes schwingt noch mit den Kräften des ätherischen Leibes. Bis zum zwölften Lebensjahr ist dies durchweg der Fall, erst von diesem Zeitpunkt an beginnt das Kind zu spüren, daß die Schwere an ihm teilhat, aber bis dahin will es nach oben und nicht nach unten.

Dieser Tatsache kommt das Seilspringen entgegen. Es gibt dem Kinde ein Bewußtsein davon, daß es den oberen Welten noch angehört, was dadurch noch unterstützt wird, daß im periodischen Wechsel das Seil um den Körper herumschwingt. Das Gefühl, zwischen Himmel und Erde zu schwingen, zu Hüpfen, zu Springen, versetzt das Kind in einen traumhaft beseeligenden Zustand.

Je älter es wird, um so komplizierter sollte die Bewegung sein. Es werden Schritte dazu erfunden, die Hände werden gekreuzt, zwei Seile werden durcheinander geschlagen, oder man springt mit einem kleinen Seil in einem großen, das geschlagen wird. Auch die Phantasie darf nicht zu kurz kommen. Man spielt die Uhr und springt genau zwölfmal. Man springt sein eigenes Alter oder springt nach lustigen Versen. Das Hinein- und Herausspringen macht mit mehreren zusammen doppelten Spaß. Der kindlichen Phantasie sind nach dieser Richtung hin keine Grenzen gesetzt. Leider wird diese Möglichkeit einer den Leib und die Seele stärkenden Leibesbetätigung nicht in dem Maße erkannt, wie es eigentlich sein sollte. Wir sollten unsere Kinder schon frühzeitig dazu anhalten, mit dieser wunderbaren Übung so vertraut zu werden, wie es nur irgend möglich ist.

Marmelspiel

Man kann im wesentlichen zwei Grundformen des Marmelspiels unterscheiden: Das Spielen im „Pott" sieht so aus: Man gräbt ein etwa fünf Zentimeter tiefes und zehn Zentimeter breites Loch und entfernt die Erde, so daß der Boden im Umkreis von drei Schritten um den Pott so glatt wie möglich ist. Hinter einem Strich, der drei Schritte vom Pott entfernt ist, nehmen die Spieler Aufstellung. Es sollten nicht mehr als fünf sein. Die Reihenfolge wird durch Losen oder Abzählen vorher ermittelt. Der erste wirft seine Marmel und versucht, sie in den Pott zu bekommen. Dann kommt der zweite dran usw. Nicht alle Marmeln werden in den Pott gelangen, sollte dieses aber trotzdem einmal geschehen, dann darf der letzte alle wieder herausnehmen. Sind noch einige draußen, dann beginnt wieder der erste mit der am weitesten entfernten

Marmel, die jetzt aber nicht geworfen, sondern mit dem gekrümmten Zeige-finger in das Loch geschubst wird. Gelingt ihm das, dann darf er die nunmehr entfernteste spielen. Das geht so lange weiter, bis er alle drin hat oder einen Fehler macht, dann kommt der nächste dran. Auch er muß mit der weitesten beginnen. Zum Schluß gewinnt, wer die letzte Marmel hineinbekommt.

Nun das zweite Spiel: Man zieht einen kleinen Kreis von etwa einer Schuh-länge Durchmesser und konzentrisch dazu einen größeren von etwa drei Schritten. Jeder stellt sich irgendwo hinter den großen Kreis und wirft seine große Glaskugel in die Mitte, aber so, daß sie möglichst dicht an den kleineren Kreis herankommt. Dadurch wird die Reihenfolge der Werfer ermittelt. Dann legt jeder die gleiche Anzahl gewöhnlicher Marmeln in den Kreis. Nun treten alle wieder hinter den großen Kreis, und der erste kann beginnen. Er zielt mit seiner großen Glaskugel auf den kleineren Kreis und versucht, wenigstens eine der darin befindlichen Marmeln herauszuschießen. Gelingt ihm das, dann darf er wieder spielen und zwar so oft, wie er Erfolg hat. Wirft er vorbei, dann kommt der nächste dran. Ist die Reihe durch, dann wirft jeder von der Stelle aus, an der sich seine Glaskugel gerade befindet. So wird jeder nach seiner Geschicklichkeit belohnt. Wenn der Kreis leer ist, beginnt ein neues Spiel. Bleibt einmal eine große Glaskugel, was allerdings selten vor-kommt, in dem kleinen Kreis liegen, dann kann sie durch eine Buße von drei gewöhnlichen Marmeln wieder herausgeholt werden. Der nächste Wurf aber muß hinter dem großen Kreis erfolgen. Kann die Buße von drei Marmeln nicht bezahlt werden, dann muß der Betreffende ausscheiden und zusehen, wie die anderen um seine Kugel weiterspielen. (Bis zum 14. Lebensjahr)

Früher wurden die Marmeln tatsächlich aus Marmor gemacht, heute bestehen sie aus Ton oder Glas. Der Brauch ist Jahrtausende alt, es ist nicht einmal dem technischen Spielzeug gelungen, ihn zu verdrängen. Nachdem die Winter-kälte den Boden verlassen hat, ziehen neue Kräfte in die Erde ein, und die Kinder empfinden das. Im Marmelspiel geben sie diesem unbewußten Drange einen passenden Ausdruck. Sie fühlen sich wohl bei dieser Beschäftigung, denn was sie tun, steht in Korrespondenz mit ihrem eigenen Lebensgefühl.

Beide Arten des Marmelspieles sind charakteristisch und völlig voneinander verschieden. Die eine ist der mehr irdische, die andere der mehr sonnenhafte Aspekt des gleichen Vorgangs. Einmal muß die Marmel in den Pott gestoßen werden, ein anderes Mal muß sie mit einer großen Glaskugel aus dem Kreis geschossen werden. Die Mädchen spielen lieber nach der ersten Version, die Knaben ziehen die zweite vor. Der passiven und aufnehmenden Seite der menschlichen Natur steht die aktive und ausstrahlende gegenüber.

Ballproben

Ballproben sind eine beliebte Beschäftigung der Mädchen. Der Ball wird an die Wand geworfen und wieder aufgefangen. Man unterscheidet zwei Stufen: erstens das einfache Fangen und zweitens das kontinuierliche Zurückschlagen.

1. Stufe:
1. rechts werfen, beidhändig fangen
2. links werfen, beidhändig fangen
3. rechts werfen, rechts fangen
4. links werfen, links fangen
5. rechts werfen, links fangen
6. links werfen, rechts fangen
7. werfen, dreimal klatschen, fangen
8. werfen, dreimal die Fäuste umeinanderdrehen, fangen
9. werfen, eine Umdrehung machen, fangen
10. Rücken zur Wand, werfen, herumdrehen, fangen
11. linke Hand auf den Rücken, über den Kopf werfen, fangen
12. rechte Hand auf den Rücken, über den Kopf werfen, fangen
Jede Probe muß zehnmal durchgeführt werden.

2. Stufe:
10× fortlaufend mit offener Hand (Klatscher)
9× fortlaufend Faust rechts (Schwarzer Pudel)
8× fortlaufend Faust links (Weißer Pudel)
7× fortlaufend Hände gestreckt aufeinander (Muschel)
6× fortlaufend Hände gefaltet (Schraubstock)
5× fortlaufend Armbeuge (Schere)
4× fortlaufend Kopf (Prellbock)
3× fortlaufend Brust (Schild)
2× fortlaufend Knie (Kröte)
1× fortlaufend Fuß (Neger)

Bis zum 10. Lebensjahr hat das Kind genug damit zu tun, die Technik des Werfens und Fangens als solche zu beherrschen. Dafür sind Übungen der ersten Stufe gerade recht. Wichtig ist vor allem das Zupacken und Festhalten des Balles, denn darin individualisiert sich das Kind. Man darf diese Stufe nicht überspringen oder zu kurz kommen lassen, denn sie ist entwicklungsmäßig bedingt. Das Zugreifen und Festhalten ist etwas, wonach das Kind auf einer bestimmten Stufe verlangt, denn seinem Wesen nach ist es mit den irdischen Dingen noch nicht allzu sehr vertraut. Aber hat es genügend Sicherheit, Selbständigkeit und Festigkeit erlangt, dann sollten im 11. und 12. Lebensjahr

die Ballproben einen beweglichen Charakter annehmen. Der hin- und her-
fliegende Ball ist etwas Lebendiges. Er stellt das Kind vor ganz andere Auf-
gaben als vorher. Zweck und Aufgabe ist es, den ganzen Körper in das
lebendige Kräftespiel hineinzubringen, dadurch kann einer einseitigen Be-
anspruchung der Kopfkräfte ein wirksames Mittel entgegengestellt werden.

Springballproben

Einen Ball durch Prellen auf den Boden in dauernder Bewegung zu halten,
ist nicht schwer. Anders ist es, wenn man vor dem Zurückschlagen das eine
oder andere Bein hinüberschwingt, mit beiden Beinen über den Ball springt,
ihn um den Körper herumspielt, über ihn hinweghüpft, über die gefalteten
Hände springen läßt usw.

Das Phänomen des springenden Balles ist etwas, was man beachten sollte,
denn es wirkt der Tendenz entgegen, dem Trägheitsprinzip zu verfallen. Ein
großer Prozentsatz der Mädchen im zweiten Jahrsiebent neigt dazu, sich der
Passivität eines dumpfen Körpergefühls hinzugeben und die leibliche Hülle
nicht mehr von innen her zu durchdringen. Das Seelenwesen des Menschen
sollte aber in diesem Alter noch eng verbunden sein mit dem lebendigen Strom
der Lebenskräfte, und Tätigsein sollte ihm alles bedeuten.
Ein Kind, das vorzeitig in seinen Stoffwechsel versackt, wird später nachholen
wollen, was ihm zur rechten Zeit versagt geblieben ist, und sich den Ein-
flüssen der sogenannten heißen Musik schutzlos ausgeliefert sehen, da es not-
wendige Aktivitäten des eigenen Seelischen verschlafen hat. Der auf- und
abspringende Ball kann demgegenüber eine aufweckende Bedeutung haben,
wenn das Kind sich längere Zeit damit beschäftigt und sich in einem notwen-
digen Umfange damit verbindet.

Schaukeln

Jedes gesunde Kind hat ein Verhältnis zum Schaukeln. Während der Erwachsene mit dem ausgebildeten Bewußtsein seines Verstandes sich lieber an
feste Tatsachen hält, liebt das Kind das Bewegliche und Veränderliche. Es
lebt noch in einer Körperlichkeit, die seelisch voll empfunden wird. Besonders
im zweiten Jahrsiebent ist es eingeschaltet mit seinem Erleben in ein Prinzip
von Kräften, das außerordentlich empfänglich für rhythmische und schwung-
volle Bewegungen ist.

Zwischen sieben und vierzehn Jahren lebt das Kind mit den Kräften seines ätherischen Leibes, aber, und das ist das Entscheidende, es empfindet die innere Dynamik dieser Kräftestruktur nur dann, wenn es sich in entsprechender Weise bewegen darf. Der Ätherleib ist etwas Kraftendes, das auf rhythmische Vorgänge reagiert und sich sofort darauf einstellt. Jede rhythmische Tätigkeit wird von ihm aufgenommen. Es können einfache oder komplizierte Bewegungen sein, und je mehr sich das Kind in solche Zusammenhänge versetzt, um so stärker kommt ihm die lebendige Wesensnatur des Ätherischen zu Bewußtsein. Die seelische Reaktion darauf ist Freude, denn werden die ätherischen Kräfte angeregt, dann bewirkt dieses zugleich körperliche Frische und Gesundheit.

Die Schaukel sollte daher dem Kinde zur Verfügung stehen, sooft es sie braucht. Man kann ganz unbesorgt sein, es wird des Guten nicht zuviel tun, da mit zunehmendem Alter die Körperlichkeit immer dichter wird und willenshaft-emotionelle Tätigkeiten immer häufiger gesucht werden. Aber gerade deshalb, weil dieses eher zu früh als zu spät eintritt, sollte man dem Kinde die Möglichkeit geben, sich seinen Himmel möglichst lange zu erhalten.

Klettern

Zum Spielen gehört auch das Klettern. Jedes gesunde Kind empfindet einen Baum, der ihm die Möglichkeit dazu bietet, geradezu als eine Aufforderung. Es fühlt sich aufgerufen, es einmal zu probieren. Und hat es den ersten Ast erreicht, dann will es weiter, um schließlich einen Platz zu finden, an dem es in Geborgenheit verharren kann. „In der Höhe bist du zu Hause", diese Empfindung lebt durchaus noch in jeder Kindesseele. Es ist kein Zufall, daß mit dreizehn bis vierzehn Jahren die Lust am Klettern verschwindet, die Höhe lockt nicht mehr, denn die Anziehungskräfte der Erde sind zu groß geworden.

Auch jetzt kann es nichts schaden, das Klettern zu üben, aber es steht unter einem ganz anderen Vorzeichen. Als Kraft- und Leistungsprobe kann es wesentlich dazu beitragen, die Selbständigkeit des jungen Menschen zu festigen, der weiß, daß er sich auf seine Arme verlassen kann. Aber das ist kein eigentliches Klettern mehr, wie man es als Knabe übt, und das als unvergeßliches Erlebnis das ganze Leben hindurch fortwirkt. Im Klettern spricht sich die Urgewalt des menschlichen Strebens schlechthin aus, und Kinder, die eine besondere Vorliebe dafür entwickeln, zeigen diesen Zug auch später noch.

Kletterstangen, Strickleitern, Klettertaue und Mastbäume mit angedeuteter Schiffstakelage oder Klettergerüste aller Art sollten daher zum unentbehrlichen Inventar einer Spielanlage gehören.

Wippen

Man pendelt um einen festen Punkt in der Mitte. Ist man unten, dann gibt man sich einen kräftigen Schubs, und schon ist man wieder oben. Daß man nicht lange oben bleibt, dafür sorgt schon der andere.

Die moralische Wirkung dieser ausgleichenden Spielbeschäftigung kann sehr stark auf das Innere des Kindes wirken, weil dieses selbst noch den Ausgleich zwischen unten und oben sucht. Vergangenheitskräfte wollen es vom Physischen fernhalten, Zukunftskräfte wollen es mit dem Irdischen verbinden. Der praktische Ausgleich, welcher in dieser Beschäftigung gefunden wird, bleibt nicht ein äußeres Geschehen, sondern kann sich der Seele als wirksamer Impuls mitteilen. (Bis zum 13. Lebensjahr)

Stelzenlaufen

Wie jede andere körperliche Tätigkeit ist auch das Stelzenlaufen geeignet, bestimmte Fähigkeiten im Kinde zu veranlagen. Zunächst einmal wird der Gleichgewichtssinn ausgebildet. Dazu kommt aber noch etwas anderes. Beim Stelzenlaufen kann sich das Kind nicht seiner Impulsivität überlassen, sondern muß mit einer gewissen Bedächtigkeit ausschreiten. Dadurch wird es besonnener und bewußter, und manches Kind verlangt danach, im Äußeren so etwas zu tun, weil es ihm hilft, Ordnung in das erwachende Gedankenleben hineinzubringen. Der flexible Duktus des Seelischen steht einem solchen Einschlag oft im Wege. Durch äußere Übungen kann aber jene Besinnlichkeit herbeigeführt werden, die eine Metamorphose im Innern des Kindes wirksam unterstützt.

Rollschuhlaufen

Nach dem zweiten Weltkrieg hat das Rollschuhlaufen in Deutschland eine große Verbreitung gefunden. Man sieht die Kinder auf Straßen und Plätzen mit Eifer und Geschick bei der Sache. Vorwiegend sind es allerdings die Mädchen, die dieser Beschäftigung nachgehen. Das ist um so bedauerlicher, da gerade die Knaben es ganz besonders nötig hätten, das Rollschuhlaufen zu üben. Was zwischen sieben und vierzehn Jahren in der heutigen Zeit überhaupt zu kurz kommt, ist das Merkuriale in der Bewegung. Von einem einheitlichen Strom soll die Bewegung getragen werden, es darf keine Ecken und Kanten geben, das Kind muß mit seinen Gliedern etwas anzufangen wissen, es muß geschickt sein, und die Bewegung darf nicht der Anmut entbehren, die das Vorhandensein gesunder Lebenskräfte anzeigt.

Das Rollschuhlaufen hat ewas Flüssiges, Schwebendes, Gleitendes, und da die Kinder durch Bewegungen bis ins Seelische stark beeinflußt werden, wirkt sich das Rollschuhlaufen auch so aus, daß das überwache Kind sich durch diese Tätigkeit in etwas Traumhaftes hineinlebt. Das Bewußtsein wird vom Kopf und dem Nerven-Sinnesapparat mehr auf das Rhythmische verlagert. Dadurch, daß der Bewegungsfluß wieder ein ruhiger und harmonischer wird, findet das Kind eher zu seiner eigentlichen Wesenheit zurück. Es wird heiterer, gelockerter und gelöster.

Eislaufen

Das Eislaufen ist eine feinere Ausgabe des Rollschuhlaufens, es ist die Steigerung oder die Erfüllung desselben. Man beginnt mit dem Übersetzen nach vorn und nach rückwärts, dann kommen einfache Bögen, Dreierwendungen, Schlangenbögen, schwierige Wendungen, Sprünge, Schritte, Drehungen, Pirouetten, Zirkel, Tänze und Figuren. Dies alles summiert sich für denjenigen, der durch Mühe und Fleiß allmählich in die Bewegung hineinwächst, zu einer Zauberwelt, der sich immer neue Wunder auftun. Bei richtiger Anleitung kann man in einem Winter schon unglaublich viel lernen, und das Lernen hört nie auf. Es entsteht eine fast unendliche Fülle von Bewegungsmöglichkeiten, die alle durch das Gesetz einer geheimen Ordnung miteinander verbunden sind. Diese Ordnung aber setzt sich aus den drei Komponenten Kraft, Schönheit und Harmonie zusammen. Jeder Charakter, jede Anlage und jedes Temperament findet auf dem Eis das ihm Adäquate, vorausgesetzt, daß die Linie des Menschlichen nicht verlassen wird. Das Eislaufen ist nicht geschaffen für primitive Gefühlsaffekte, es verlangt eine gewisse seelische Kultur und offenbart daher sein wirkliches Wesen nur dem, der sich als Mensch von seiner besten Seite zeigen möchte.

Die heutige Jugend hat es außerordentlich schwer, diesen wahren Menschen auf dem Eis in Erscheinung treten zu lassen. Es ist ja so viel einfacher, mit ein Paar Eishockeystiefeln an den Füßen wie ein Besessener über das Eis zu fahren und sich ohne Rücksicht auf sich selbst oder andere auszuleben. Der Drang zur höheren Bildung, der auch in der Bewegung zum Ausdruck kommen sollte, scheint in Vergessenheit geraten zu sein, und statt seiner treibt ein dämonisches Gegenbild sein Unwesen. Man findet es langweilig, durch stundenlanges Üben an sich selbst zu arbeiten. Ständiges Üben an den Figuren, Schritten und Sprüngen aber macht den jungen Mensch zu einem anderen. Er erhebt sich zu einer höheren Sittlichkeit, und je mehr er übt und kann, um so mehr wird sein eigentliches Wesen zum Durchbruch gelangen.

Damit dieses geschehe, muß jede Bewegung auch empfunden werden, gerade auf dem Eis, wo die Materie als solche nach scharfer Abgrenzung, Sicherheit, Frische und sauberer Formgebung verlangt. Eislaufen ist ein Sport der Zukunft, denn die Entwicklung des Menschen geht dahin, Herr über seine Gefühle und Gewohnheiten zu werden. (Ab 9. Lebensjahr)

Bogenschießen

Eine der liebsten Beschäftigungen für 12–13jährige ist das Bogenschießen. Irgendwann muß man in diesem Alter einmal einen Flitzebogen gehabt und damit geschossen haben. Je kräftiger man zurückzieht, um so weiter fliegt der Pfeil. Dieser äußeren Logik steht eine innere gegenüber: Je mehr ich in die Tiefe meines Wesens eindringe, um so besser erfasse ich das Wesen des Äußeren, um so mehr verbinde ich mich mit der Welt. Der Oberflächling ist kein guter Bogenschütze, er zieht nicht genug nach rückwärts, sein Bogen ist zu wenig gespannt.

Pädagogisch gesehen bereitet das Bogenschießen den Übergang vom Inneren zum Äußeren vor, der um das 12. Jahr eine so große Rolle spielt. Es finden Prozesse im Inneren des Knaben statt, für die das Bogenschießen eine Art Entsprechung darstellt.

Beim weiblichen Geschlecht ist etwa ähnliches gegen das 17. Jahr zu beobachten. Auch da findet ein Übergang statt, der vom Seelischen auf das Physische gerichtet ist. Man sollte daher in diesem Alter das Bogenschießen, allerdings mehr künstlerisch mit zweckmäßigem Gerät und nach bestimmten Regeln, sowohl in die Weite wie auf die Scheibe, ernsthaft betreiben.

Man hat heute vergessen, daß die Spiele mit verbundenen Augen vor noch gar nicht so langer Zeit eine weite Verbreitung hatten und ungemein beliebt waren. An Feierabenden und Sonntagnachmittagen kam man zusammen, jeder brachte sein Tuch mit, und dann wurden solche Spiele wie Blinde Kuh, Topfschlagen, Fahnenschlagen, Gänseschlagen, Stockschlagen, Kreiselstechen ausgetragen. Es gab eigens dafür ausgesetzte Preise: Hähne, Gänse und sogar Hammel. Beim Topfschlagen wurden keine Blechtöpfe verwendet, sondern solche aus Ton oder Steingut, die auch wirklich entzweigingen. Wer mit drei Schlägen innerhalb von drei Minuten den Topf zerschlagen konnte, bekam, was darunter war. Neben diesen Preisspielen gab es eine große Anzahl von Gesellschaftsspielen, von denen Blinde Kuh das bekannteste ist. Man kann ohne Übertreibung sagen, daß es von allen Völkern und zu allen Zeiten gespielt wurde. Zur Zeit des deutschen Idealismus gehörte es fast zum guten Ton. Schiller schrieb beispielsweise, daß er sich mit Essen, Trinken und Blindekuhspielen beschäftige. Die Griechen nannten Blinde Kuh Eherne Fliege. Der Spieler mit den verbundenen Augen begann: Ich will eine eherne Fliege schlagen. Worauf die anderen antworteten: Du wirst sie jagen, aber nicht fangen. Je nach dem Volkscharakter spielt man nicht überall Blinde Kuh, sondern auch Blinde Henne (Spanien), Blinder Fuchs (Island), Blinde Maus (Serbien), Blinde Alte (Polen).

Blinde Kuh

Blinde Kuh wird auf die verschiedenste Weise gespielt. Eine sehr kindliche Form ist diese: Die Kinder stehen im Kreis und fassen sich an. Eine Gruppe von sechs bis acht Kindern ist vorher bestimmt worden, das Spiel vorzuführen. Einem werden die Augen verbunden, und es beginnt mit folgendem Spruch:

> Muh, muh muh,
> Ich bin die blinde Kuh,
> Der Vater wohnt im Sternenland,
> Der Mutter bin ich fortgerannt,

Muh, muh, muh,
Ich bin die blinde Kuh.

Wer abgeschlagen wird, muß die Rolle der blinden Kuh übernehmen und
beginnt wieder mit dem Spruch. Solange das Kind im Märchenalter ist, kann
es sich mit diesem Spruch verbinden, später muß der Inhalt realistischer
werden. Die Spieler stehen nicht mehr im Kreis, sondern sind überall verteilt. Ein lustiges Rede- und Antwortspiel findet zu Beginn statt.

Spieler:	Blinde Kuh, komm mit und geh.
Blinde Kuh:	Kann nicht mit, weil ich nicht seh.
Spieler:	Blinde Kuh, wir führn dich ja.
Blinde Kuh:	Keine Lust, was gibt's denn da?
Spieler:	Buttermilch!
Blinde Kuh:	Hab keinen Löffel.
Spieler:	Such dir einen, alter Töffel.

Eine andere Version dieses Spieles ist es, daß jeder, der abgeschlagen wird, in
den Kuhstall muß. Sind ein halbes Dutzend Kühe beisammen, dann ist die
Herde voll, und eine neue Blinde Kuh wird bestimmt.

*Spott setzt immer eine innere Selbständigkeit und ein Empfinden für Persön-
lichkeitswerte voraus. Deshalb sollte diese Spielform nicht vor dem seelischen
Erwachen des Kindes, also vor dem 9. Lebensjahr, betrieben werden.*
*Es wäre vordergründig gedacht, wollte man in diesem Spiel nur eine Art
Kurzweil sehen. Die Blinde Kuh leidet nicht an einer physischen, sondern an
einer geistigen Blindheit, und gemeint ist nicht ein wirkliches Tier, sondern
die menschliche Seele, die in den ersten Lebensjahren noch wie behütet in einer
Sphäre lebt, die mit Nützlichkeit und egoistischen persönlichen Empfindungen
nichts zu tun hat. Aber mit dem Älter- und Selbständigerwerden ändert sich
der Seelencharakter. Er nimmt Züge an, die dem Tierischen verwandt sind.
Triebe und Begierden erwachen und die stärkere Bindung an den Leib. Der
Mensch wird blind für das andere, das Heitere, Bewegliche, Harmonische und
Unbekümmerte. Ein mehr oder weniger deutliches Empfinden für das letztere
aber bleibt im Menschen, auch im Erwachsenen, der das Kind in sich oder, was
das gleiche ist, die Heimat des Seelischen doch nicht ganz vergessen kann.
Menschen, die nicht mehr Blinde Kuh spielen können, sind arm dran, denn
etwas in ihnen ist verschüttet worden, was zum Bestand des eigentlich Menschlichen dazugehört.*
*Für das Kind sind Blindspiele besonders deshalb wertvoll, weil die Phantasie
wie kaum sonst angeregt wird. Es kommt etwas Besinnliches ins Spiel, jeder*

ist ganz auf sich gestellt und der hypertrophen Reizwirkung des äußeren Geschehens weitgehend entzogen. Das Kind empfindet dieses als eine ausgesprochene Wohltat und verlangt immer wieder nach Spielen solcher Art. Neben der Phantasie ist es vor allem die Konzentrationsfähigkeit, welche angesprochen wird, zum Beispiel wenn es gilt, einen Punkt, den man sich vorher genau gemerkt hat, mit verbundenen Augen zu erreichen. Die äußere Kraftentfaltung ist bei Blindspielen nicht besonders groß, eine gewisse Seelenstärke muß jedoch geübt werden.

Blindspiele für verschiedene Gelegenheiten und alle Altersstufen

Mit Festhalten

Einer der beiden Blindspieler muß den anderen fangen und bis zehn festhalten.

Dreimal berühren

Der Verfolger hat gewonnen, wenn er dem Ausweichenden drei Schläge hintereinander geben kann.

Tuch wegnehmen

Einer muß versuchen, dem anderen das Augentuch wegzunehmen, ehe er selbst drei Schläge erhält.

Drei gegen einen

Alle vier haben verbundene Augen, aber einer soll gefangen werden, indem man ihn festhält und nach seinem Namen fragt. Ist es der Falsche, muß man ihn loslassen. Es gibt Anlaß zu den drolligsten Verwechslungen, was besonders für die Zuschauer sehr amüsant ist.

Jakob, wo bist du?

Jakob ist der Bauer, der lange im Wirtshaus war, seine Frau, die Grete, wartet schon mit dem nassen Handtuch, um ihn zu verprügeln, wenn er nach Hause kommt. Auf ihre Frage: Jakob, wo bist du? muß er antworten: Hier!

Max und Moritz

Es werden zwei oder drei Tische hintereinander gestellt. Der Max hat eine

Tafel Schokolade oder sonst etwas Gutes und muß sehen, daß er innerhalb von drei Minuten vom Moritz nicht erwischt wird. Jeder muß in dauerndem Kontakt mit den Tischen sein. Man kann rundherum gehen, untendurchgehen oder darüberrutschen. Fängt der Moritz seinen Partner, dann gehört ihm die Beute.

Blinde Hexe

Eine große Anzahl Tische wird so gestellt, daß viele schmale Wege entstehen, die schließlich in ein Tor münden, das durch zwei Sprungständer dargestellt werden kann. Man kann von außen und durch die Mitte an dieses Tor heran, das von der blinden Hexe bewacht wird. Mit verbundenen Augen muß der Wanderer das Tor passieren, ohne vorher abgeschlagen zu werden.

Licht ausblasen

Der Spieler steht etwa fünfzehn Schritt vor einer brennenden Kerze. Er merkt sich die Stelle, legt die Binde an und versucht, die Kerze innerhalb einer Minute auszublasen. Die Hände sind auf dem Rücken.

Einkreisen

Man legt eine Tafel Schokolade oder eine Tüte Bonbons auf den Fußboden. Fünfzehn Schritte davon entfernt steht der Spieler und merkt sich die Stelle. Dann wird ihm die Binde angelegt, er muß vorwärtsgehen und vor dem Gegenstand haltmachen, um einen Kreis herumzuziehen. Gelingt ihm das, dann darf er den Gegenstand behalten.

Fadenschneiden

Man geht mit einer großen Schere auf eine Anzahl aufgehängter Fäden los, an denen etwas baumelt, das man gerne haben möchte. Was man abschneidet, darf man behalten.

Apfelgreifen

Dasselbe wie vorher, nur muß der Gegenstand mit der Hand ertastet werden. Die Hand darf sich nicht nach rechts oder links bewegen.

Topfschlagen mit drei Schlägen

Unter einem alten Blumentopf werden Süßigkeiten versteckt. Die Kinder wissen nicht, was darunter ist. Zehn Schritt vom Topf entfernt, hat man sich die Lage des Topfes genau einzuprägen. Dann wird die Binde angelegt. Der etwa daumendicke Stock darf nicht zur Seite bewegt werden. Jeder darf nur drei Schläge von oben nach unten machen und auf gar keinen Fall am Boden entlangfahren. Ist kein irdener Topf zur Stelle, dann genügt auch ein Blechtopf, aber viel schöner ist es, zu erleben, daß unter den Scherben das Gute, Leckere, Begehrenswerte zum Vorschein kommt.

Mit Zählen

Jeder darf zehn Schläge machen, die innerhalb einer Minute erfolgen müssen. Wer mit den wenigsten Schlägen den Topf getroffen hat, ist Sieger und bekommt außer dem Topfgut am Schluß noch einen Sonderpreis.

Gute und böse Fee

Jetzt sind es drei Töpfe. Die gute Fee hat unter den Topf in der Mitte etwas Schönes gelegt. Die böse hat rechts und links etwas Schlechtes unter den Töpfen versteckt. Es kommt darauf an, den guten Topf zu erwischen.

Drei Töpfe, aber welcher?

Unter einem der drei Töpfe ist der Preis. Keiner weiß unter welchem. Wer den falschen Topf erwischt, muß etwas unter den guten legen. Nach jedem Treffer werden die Töpfe vertauscht.

Durchs Tor der Seligkeit

Zwei Pfähle, einen Meter hoch, stecken etwa zehn Meter entfernt im Boden. Darüber liegt eine schmale Latte. Der Blindspieler muß diese mit einem Stock, der nur senkrecht geführt werden darf, herunterschlagen. Dann darf er sich von den Leckereien, die auf einem Tisch dahinter ausgebreitet sind, aussuchen, was ihm gefällt.

Honigweide

Man steckt eine Anzahl Gerten in den Boden und knüpft einen Beutel mit

Süßigkeiten unten daran. Wer eine Gerte mit den Händen berührt hat, darf sie herausziehen und den Beutel behalten. Es darf immer nur einer auf die „Wiese". Nach einer Minute wird geklingelt.

Stocktreffen

In der Mitte eines Kreises befindet sich ein Pfahl, der einen Meter aus dem Boden ragt. Auf diesen wird ein Stein gelegt. Wer ihn herunterholt, bekommt einen Preis. Man kann schlagen, wie man will, hat aber nur eine Minute Zeit.

Scheibenstechen

Man merkt sich den Standort einer Zielscheibe und geht dann mit einem Stock, der vorne eine Eisenspitze hat, darauf zu. Trifft man ins Schwarze, dann hat man gewonnen.

Alle gegen einen

Auf einer nicht allzu großen Fläche befinden sich etwa zehn Blindspieler. Der elfte hat eine Klingel und kann sehen. Er muß ununterbrochen läuten. Die anderen sollen ihn einfangen. Wer ihn zuerst berührt, darf selber klingeln.

Narrenlauf

Zwei Spieler mit verbundenen Augen fassen sich an und wollen ein etwa zwanzig Meter entferntes Ziel erreichen. Der eine will hierhin, der andere dorthin, das kann sehr lustig werden.

Es brennt

Zwei Spieler stehen zwanzig Meter auseinander. Jeder merkt sich die Richtung des anderen, dann werden die Augen verbunden. Sie gehen aufeinander zu und müssen sich anfassen. Gehen sie aneinander vorbei, dann rufen die Zuschauer: Es brennt! Die „glücklichen Paare" werden belohnt.

Das verzauberte Schloß

Das Schloß wird von zwei Wächtern vor einem sechs Meter breiten Tor bewacht. Wer an ihnen vorbeikommt, ohne gefangen zu werden, dem gehört das Schloß. Allen sind die Augen verbunden. Der Eindringling muß sich auf ganz leisen Sohlen bewegen. Höchste Spannung und Aufmerksamkeit können durch dieses Spiel erreicht werden.

Spanischer Esel

Man bindet einem Spieler ein Tuch vor die Augen und steckt ihm unter jede Achsel einen zwei Meter langen Stock, der vorn so viel vorsteht, daß er ihn mit den Händen festhalten kann. Ein anderer, sehender Spieler packt die langen Enden, und dann geht es los. Es müssen bestimmte Wege gelaufen werden. Man deutet eine Brücke an, eine Herberge und ähnliches. Hat der Esel alle Stationen richtig erreicht, dann ist die Reise zu Ende. Als Wettlauf ist dieses Spiel noch interessanter.

Haumichel

Die Kinder hocken im Kreis auf dem Boden (am besten Rasen, Sand oder eine große Matte). Zwei haben die Augen verbunden. Einer davon ist der Haumichel, der mit einem Knotentuch ausgerüstet ist und einen Schatz bewacht, der durch einen Ball dargestellt wird. Der andere ist der Schatzsucher, findet er den Ball, dann hat er den Schatz gewonnen. Trifft er aber auf den Haumichel, dann wird er so lange geprügelt, bis er wieder aus der Reichweite ist. Festhalten ist nicht erlaubt.

Nachtwächter

Die Kinder bilden eine Schlange, wobei jedes seinen Vordermann am Kleid festhält. Der erste hat eine Glocke und klingelt damit fortwährend. Gelingt es dem Nachtwächter, dessen Augen verbunden sind, einen aus der langen Reihe zu berühren, dann ist der der Nachtwächter.

Den Teufel aus der Hölle locken

Der blinde Teufel hockt in einem Kreis, das ist die Hölle. Die Mitspielenden stehen ringsherum, und der erste sagt:

	Teufel, wohin soll ich gehen?
Teufel z. B.:	Sieben Schritte und dann stehn.
Der nächste:	Teufel, wohin soll ich gehn?
Teufel:	Einen Schritt, dann sollst du stehn usw.

Haben alle ihre Fragen gestellt und der Teufel geantwortet, dann ruft wieder
das erste Kind:

Teufel, Teufel, komm zu mir,
Findst du mich, gehör ich dir.

Der Teufel kommt jetzt heraus und muß den betreffenden Spieler finden,
berührt er einen anderen, ist der betreffende frei. Dann geht der Teufel wieder in die Hölle zurück, und das nächste Kind kommt an die Reihe. Wer
vom Teufel gefunden und beim richtigen Namen genannt wird, muß den
Teufel ablösen.
Dieses Spiel ist sehr unterhaltsam und spannend, es sollte aber über das
fünfte Schuljahr hinaus nicht mehr gespielt werden, weil die Phantasiekräfte
in diesem Alter zugunsten einer realen Auffassung zurücktreten.

Zu jedem Fest mit Kindern gehören lustige Spiele und Wettbewerbe, die Geschicklichkeit, Mut, Witz und Anstrengung erfordern. Es sollen im folgenden eine Anzahl davon mitgeteilt werden.

Sacklaufen

Man steigt in einen festen Sack, und dann beginnt ein lustiges Wettlaufen. Der Boden muß weich sein, also Wiese oder Sand.

Sacklaufen mit Hindernissen

Der Sack wird am Hals zugemacht. Am Wendepunkt steht eine Schüssel mit Blaubeeren, daneben eine mit Schlagsahne. Beides muß mit dem Mund gegessen werden. Das ist der Lohn für die bis dahin geleistete Arbeit. Die Heiterkeit ist groß, wenn die Kinder mit ihren gefärbten Gesichtern zurückhüpfen.

Eierlaufen

Man hat einen Löffel mit einem Porzellanei in jeder Hand und muß um eine Wendemarke laufen. Schwierig ist es, unterwegs ein Hindernis zu überwinden.

Mund und Hände

Man nimmt einen Löffel mit einem Ei in den Mund und läuft los. Am schwierigsten ist es, in beiden Händen und im Mund einen Löffel zu haben.

Kartoffelpacken

Drei Körbe mit je zwei bis drei Kilogramm Kartoffeln stehen auf einer Seite, zwanzig Schritte entfernt stehen drei leere Körbe. Drei Spieler müssen die Kartoffeln mit den Händen hinübertragen. Wer unterwegs eine verliert, muß sie sofort aufheben. Heiterkeit ist bei einem solchen Wettlauf stets garantiert. Der Sieger bekommt einen Preis.

Wettlauf mit Kostümwechsel

Die Kinder haben Turnzeug an. Vor und hinter der Laufstrecke befindet sich je ein Kostüm: lange Hose, Jackett und Zylinderhut auf der einen Seite, langer Rock, Bluse und Hut auf der anderen Seite. Auf das Zeichen des Schiedsrichters schlüpft man in die Männerkleidung, läuft auf die andere Seite, wechselt die Garderobe und kommt als Frau zurück. Jede Mannschaft besteht aus sechs Spielern. Ein solcher Verkleidungslauf bietet Anlaß zu den drolligsten Situationen und sollte bei keinem Sommerfest fehlen. Man kann das Kostüm durch Schuhwerk, Stock, Regenschirm und dergleichen vervollständigen.

Wettlauf mit Schuhkartons

Jeder Läufer stapelt drei bis vier Schuhkartons auf seinen Kopf, hält aber nur den unteren fest. Dann geht es los. Bei diesem Spiel kann man zeigen, ob man mit den Dingen fertig wird, denn die Tücken der Objekte sind groß.

Kellnerwettlauf

Ein Tablett mit einer Flasche und einigen halbgefüllten Gläsern muß ans Ziel gebracht werden. Sieger ist, wer am wenigsten ausgegossen hat.

Verkleidungswettkampf

Eine etwas altertümliche Garderobe, die aus mindestens fünf Stücken bestehen muß, wird möglichst schnell angezogen. Am Ziel steht ein Tisch mit Leckereien. Wer zuerst da ist, darf sich das Beste aussuchen.

Bergsteigen

Ein Rutschbrett, wie es beim Turnen Verwendung findet, wird schräg an die Wand gestellt. Darüber befinden sich Leckereien. Die Teilnehmer müssen in Turnkleidung sein. Es schadet nichts, wenn das Brett etwas glatt gemacht wird, z. B. mit Schmierseife.

Zitterbalken

Ein nicht allzu dicker Baumstamm wird in ein Meter Höhe an beiden Enden so befestigt, daß er leicht um seine Längsachse zu drehen ist. Man muß versuchen, rittlings von einer Seite auf die andere zu gelangen, was wegen des labilen Gleichgewichts nicht ganz einfach ist. Unten muß ein Polster von Sägespänen sein. Diese kleine Mutprobe bietet einen starken Anreiz für Kinder zwischen neun und zwölf Jahren.

Tellerdrehen

Man dreht einen Teller auf einem großen Tisch und läuft um einen drei Meter entfernten Stuhl. Erreicht man den Teller noch in der Bewegung, erhält man zum Lohn eine Süßigkeit. Erwachsene bewältigen dieses kleine Kunststück im allgemeinen ohne besondere Mühe. Kinder haben es oft aber sehr schwer, die notwendige Geschicklichkeit aufzubringen. Der Anreiz ist daher groß. Größer die Freude, wenn man es geschafft hat.

Wettfegen

Zwei Eimer mit Sägespänen oder Blättern werden auf zwei gleichgroße Flächen ausgeschüttet und müssen in die Eimer wieder zurück. Es darf nichts übrigbleiben. Jeder hat Besen und Kehrblech zur Verfügung. Auch als Mannschaftskampf kann das Wettfegen betrieben werden. Der verbissene Ernst und das zeitweilige Ungeschick verleihen diesem Wettkampf eine drollig-dramatische Note.

Eberjagd

Ein Sack mit Sägespänen wird so gestopft, daß eine entfernte Ähnlichkeit mit einem Eber entsteht. Vorn und hinten an einem Strick aufgehängt, kann dieser durch Bindfaden von der Seite so gezogen werden, daß es schwer ist, ihn aus einiger Entfernung mit einem stumpfen Speer zu treffen. Das Werfen auf bewegliche Ziele stellt besondere Anforderungen. Jeder Treffer wird belohnt.

Faßlaufen

Es gibt nur wenige Kinder, die so geschickt in ihren Füßen und so entwickelt in ihrem Gleichgewichtssinn sind, daß sie freihändig auf einem Faß ein Stück vorankommen. Die Übung ist zu schwer und in vielen Fällen auch zu gefährlich. Man entschärft sie dadurch, daß man sie in der Sprunggrube, also auf Sand machen läßt. Jetzt gibt es kein Wackeln nach rechts und links, und außerdem ist der Widerstand so groß, daß ein Weglaufen des Fasses nicht zu befürchten ist.

144

Talerspringen

Ein sehr lustiges, unterhaltsames und anregendes Spiel ist das Talerspringen. Man braucht dazu ein Geldstück und einen Sprungständer oder einen Pfahl, der oben flach ist, so daß man das Geldstück darauflegen kann. Wem es gelingt, dieses im Sprung mit Anlauf daraufzulegen, hat gewonnen und darf es vielleicht behalten oder bekommt eine Süßigkeit. Man kann auch mit dem Federsprungbrett oder von einem Bock mit Schlußsprung dieses Kunststück probieren. Es sieht so leicht aus, gelingt aber in den seltensten Fällen.

Ringwerfen

Man steckt einen Besenstiel in den Boden und bringt drei Meter davor eine Leine in Hüfthöhe an. Sechs Tennisringe sind der Einsatz. Wer drei über den Besenstiel bekommt, hat gewonnen.

Blechdosenwerfen

Eine Anzahl leerer Blechbüchsen werden pyramidenartig aufeinandergesetzt. Fünf Meter davon entfernt wird mit Stoffbällen geworfen. Wer alle Blechbüchsen umwirft, bekommt einen Preis.

Barfüßlerlauf

Alle müssen ihre Schuhe ausziehen und in einen Kreis von drei bis fünf Metern durcheinander hinlegen. In 25 Meter Abstand davon befindet sich eine Linie, hinter der die Barfüßler Aufstellung nehmen. Es wird bis drei gezählt, dann laufen alle los. Wer zuerst mit seinen Schuhen die Startlinie wieder erreicht, hat gewonnen. Es ist erlaubt, das Schuhwerk des Gegners beiseite zu räumen.

Schlupfkiste

Eine feste Kiste aus glattem Holz, Kantenlänge 1,20 Meter, ist unten offen, die übrigen fünf Seiten haben kreisrunde Löcher, durch die ein Neunjähriger gut hindurchschlüpfen kann. Löcher, Kanten und Ecken werden gut abgepolstert. Man schlüpft von oben hinein und durch eines der vier Löcher seitlich wieder hinaus, macht es umgekehrt oder sonst, wie es einem gefällt.

Für Kinder zwischen sieben und zehn Jahren hat diese Beschäftigung etwas ungemein Anregendes. Leider ist dieses herrliche Spielzeug fast in Vergessenheit geraten, wer aber einmal erlebt hat, wie gern die Jugend sich daran ergötzt, wird ungern darauf verzichten wollen.

145

Nachwort

Wer Gelegenheit hatte, über einen Zeitraum von vielen Jahren die Kinder beim Spielen zu beobachten, wird feststellen müssen, daß das Verhältnis des Kindes zum Spiel sich tiefgreifend gewandelt hat. Nicht nur, daß neue Spielformen die alten verdrängt und ersetzt haben, auch die Einstellung des Kindes zum Spiel ist eine andere geworden. Immer häufiger findet man Kinder, die einfach nichts mit sich selbst anzufangen wissen oder, beginnen sie irgendein Spiel, dann bald wieder aufhören, denn entweder sind sie müde oder sie finden es langweilig. Nur selten werden diese Kinder vom Spielgeschehen so ergriffen, daß sie mit Leib und Seele dabei sind. Der Akteur in ihnen hat dem Zuschauer Platz gemacht. Kino und Fernsehen beschäftigen die Seele mehr als die einfachen und volkstümlichen Spiele. Viele Kinder haben noch nie einen Reifen vorangetrieben oder einen Kreisel geschlagen. Andere kennen das Stelzenlaufen nur vom Hörensagen. Blinde Kuh und Versteckspielen werden immer seltener. Schlagball ist für viele kein Begriff. Roller und mechanisches Spielzeug bieten sich an und lenken das Interesse des Kindes in eine ganz spezielle Richtung, nämlich dahin, wo es mit seiner Seele nur halb oder gar nicht an der Bewegung beteiligt zu sein braucht.

Was ist aber ein Spiel ohne die menschliche Seele, ohne das Ergriffen- und Verzaubertsein? Eine solche Beschäftigung ist etwas Ungesundes, denn gerade das Kind ist darauf angewiesen, alles, was es tut, innerlich mitzuerleben. Es muß mit dem ganzen Herzen dabei sein können, sonst wird es krank. Und krank sind viele unserer Kinder wegen der grauen Öde des seelischen Leerlaufes, die wie eine Epidemie gekommen ist. Daran ist aber nicht das Kind schuld, sondern der Erwachsene, der so erwachsen geworden ist, daß er das Kindsein verlernt hat. Sein Sinnen und Trachten geht um materielle Dinge, um Lebensstandard und Erfolg, die Seele mag verkümmern, wenn nur der äußere Aufwand zu seinem Recht kommt. Im Verlauf der letzten hundert Jahre haben die Schulen vor allem des Menschen Intellekt gefördert, sie haben aber seine Erlebnisfähigkeit nicht im gleichen Maße zu befriedigen vermocht. Wir nehmen wahr, empfinden aber nicht mehr dabei. Wir tun und handeln, entwickeln aber keine Sympathie.

Wir wollen wissen, warum wir etwas tun. Das Spiel ist uns verlorengegangen, aber wir müssen es wieder entdecken und sollten versuchen, vorzudringen zu der Region, der es entstammt. Wer deshalb mit Kindern spielen will, muß vorher jedes einzelne Spiel selbst wieder neu entdecken. Er muß sich Gedanken machen und etwas dabei erleben. Dann nahen sich die Geister wieder, die man vertrieben und verscheucht hat, dann fassen auch unsere Kinder wieder Vertrauen zu uns und fühlen sich wohl in unserer Nähe. Es liegt nämlich durchaus nicht am Spielgut und erst recht nicht am Kinde, wenn es nicht mehr so geht wie früher, sondern einzig und allein an uns, die wir keine Zeit für solche Dinge zu haben glauben und Wichtigeres vortäuschen.

Die vorliegende Sammlung alter und neuer Bewegungsspiele bringt das Spielgut unter dem Gesichtspunkt des Gemüthaften. Es ist kein Wert darauf gelegt worden, Spielformen mitzuteilen, die einen besonderen physiologischen Wert besitzen, also auf physische Kräftigung zurückwirken, sondern ausschließlich darauf, Phantasie, Spannung und Interesse auszulösen. Die Seele des Kindes soll mitschwingen können.

Aus diesem Grunde mußte eine Gliederung nach Altersstufen und Spielformen vorgenommen werden. Was jedes Kind mitbekommen sollte, ist nach einem achtstufigen Plan aufgegliedert worden:

> 7. Lebensjahr Sing- und Nachahmungsspiele
> 8. Lebensjahr Rede- und Antwortspiele
> 9. Lebensjahr Neck- und Zeckspiele
> 10. Lebensjahr Tummelspiele
> 11. Lebensjahr Ziel- und Treffspiele
> 12. Lebensjahr Lauf-, Wurf- und Fangspiele
> 13. Lebensjahr Schlagballspiele
> 14. Lebensjahr und älter Kampfspiele

Daß es da fortwährend Übergänge gibt und manches schon zu einem früheren oder noch zu einem späteren Zeitpunkt gespielt werden kann, versteht sich von selbst. Es zeigt sich aber doch, daß man gewisse Schwerpunkte beachten muß, die eine Entwicklung vom Naiven zum Persönlichen erkennbar werden lassen und die in vorstehender Gliederung deutlich zum Ausdruck kommt.

Wenn sich vom Standpunkt des Erziehers aus in großen Zügen eine solche Metamorphose der Spielideen ergibt, dann zeigt sich doch auf der anderen Seite, daß vieles nahezu zeitlos ist. Hierzu gehört vor allem, was unter „Beschäftigungen" dargestellt ist, also Seilspringen, Ballproben, Hinkekasten, Schaukeln, Stelzenlaufen usw.

Im Hinblick auf die Unsicherheit in pädagogischen Belangen ist großer Wert darauf gelegt worden, in jedem einzelnen Falle darzulegen, warum eine solche Beschäftigung für das Kind von Nutzen ist.

Eine weitere Rubrik bilden die Blindspiele, Geschicklichkeitsspiele, Wettlauf-, Kampf- und Belustigungsspiele. Wer mit Kindern zu tun hat, wird den Wert solcher Anregungen zu schätzen wissen, denn oft steht der Erwachsene mit leeren Händen da, wenn die Kinder ihn bitten, etwas mit ihnen zu unternehmen. Es ist bewußt auf eine Anhäufung von Spielmaterial verzichtet worden, damit der klare Überblick für das Notwendige gewahrt bleibt. Wer sich ernstlich in die vorliegende Sammlung vertieft, wird finden, daß grundsätzlich alles in ihr enthalten ist, was die Spielliteratur zu bieten hat. Es ist auch in vielen Fällen auf den Ursprung und den Grundgedanken hingewiesen worden, so daß man bei einigem Geschick sinngemäß variieren und neue Spielformen dazuerfinden kann.

Die Spielregeln sind in den meisten Fällen nur so weit entwickelt worden, daß der Spielgedanke zum Vorschein kommt. Die näheren Einzelheiten mag jeder nach den besonderen Gegebenheiten selbst bestimmen.

Alle Spiele, die unter dem Namen Foppen und Fangen, Kriegen, Tick oder Zeck bekannt sind, erfreuen sich in der ersten Hälfte des zweiten Jahrsiebents einer außerordentlichen Beliebtheit. Vom siebenten bis zehnten Lebensjahr, also vom 1. bis zum 4. Schuljahr, sind alle Bewegungsspiele im wesentlichen auf den Abschlag hin orientiert. Was bedeutet dieses im Hinblick auf die Kindesnatur? Um zu verstehen, weshalb diese Art des Spieles vom Kinde bevorzugt wird, muß man die seelische Situation ins Auge fassen, in der sich das Kind nach Schulbeginn befindet.

Es ist bis zum siebenten Jahr etwa hingegeben an die Dinge, die man sehen, hören und betasten kann. Es nimmt die Welt mit den Sinnen auf, und zwar mit der ganzen Tiefe seines Wesens, mit Staunen, Hingabe und Verehrung. Stärkste moralische Kräfte leben im Kinde und warten eigentlich darauf, etwas wahrzunehmen, was geeignet ist, den Hunger nach Moral zu befriedigen. Was der Erwachsene vormacht, das wird vom Kinde nachgeahmt, aber vieles geht an ihm vorbei, denn für vieles ist es noch gar nicht ansprechbar, zum Beispiel für Intellektuelles, Emotionelles oder Ästhetisches. Es ist noch mit den Tiefen des Daseins verbunden und fühlt sich erst dann angesprochen, wenn seine Umgebung sich so verhält, wie es den Gesetzen der Wahrheit entspricht. Deshalb gedeiht es am besten, wenn echte Religiosität, Weisheit und

Demut vor dem Geschaffenen vor ihm dargelebt werden. Dieser weisheitsvolle Hintergrund lebt im Märchen, er lebt aber auch in den uralten Reigenspielen mit ihren einfachen Umzügen, ihren halb gesungenen und gesprochenen Versen und den urbildhaften Gestalten, die darin vorkommen. Es ist keine Spannung und keine Dramatik darin, alles spiegelt noch die Weisheit des Kosmos und die Harmonie des unendlichen Raumes.

Aus dieser Welt muß sich aber das Kind lösen, wenn es selbst in Erscheinung treten will. Es muß gleichsam geweckt werden, es soll erwachen und zu sich kommen. Aus einem seelischen Schlafzustand soll es zu einer Art seelischem Bewußtwerden gebracht werden. Es will jetzt, daß nicht die räumliche Welt, sondern der Umfang des Seelischen als Bild, Ton oder Bewegung von ihm erfaßt werden kann. Schön und häßlich, wahr und falsch, interessant und langweilig, geschickt und ungeschickt, fein und derb, zart und roh, stark und schwach, mutig und feige, all diese Qualitäten will das Kind erleben. Das Gesamtpanorama des Seelischen liegt vor ihm und will ergründet werden. Seelische Qualität spricht zwischen sieben und vierzehn Jahren zum Herzen des Kindes. Aber diese Qualität will nicht von außen betrachtet, sondern von innen erlebt und blutvoll durchempfunden werden.

Nun tritt aber das Merkwürdige auf, daß das Kind gewissermaßen am Gegenbild erwacht. Es sucht sich seinen Gegenspieler, also eine Figur, die dasjenige verkörpert, was man selbst nicht sein will. In ungezählten Modifikationen erscheint diese, als schwarze Köchin, wildes Tier, Wassermann, Fuchs, Wolf, Urbär, Räuber usw. Jede dieser Gestalten ist dem Kinde innerlich vertraut, denn sein Seelenblick ist auf Kräfte gerichtet, für welche die genannten Gestalten eine Art Gegenbild darstellen. Der Erzieher muß mit der Wirklichkeit des seelischen Raumes rechnen, in dem es Kräfte gibt, mit denen die Seele des Kindes in Kontakt steht, sonst kann er die Reaktionen des Kindes nicht begreifen, vor allem dann nicht, wenn es spielt.

Wer vom Fänger berührt wird, ist abgeschlagen. Diese einfache Spiellogik hat etwas sehr Tiefgründiges, denn das Seelische duldet keine Flecken. Wird man vom Niederen berührt, dann muß man seinen Himmel verlassen. Der Fänger steht auf einer anderen Ebene als der Läufer. Er handelt aus der Begierdensphäre. Der Läufer befindet sich noch auf der Seite der ungetrübten Heiterkeit, des wunschlosen Begehrens oder der Freude am Dasein schlechthin. Seine Welt ist die der ungebrochenen Lebenskräfte. Aber von Stufe zu Stufe muß das Kind den Weg nach unten gehen. Es tauscht den kindlichen Frohsinn gegen das Bewußtwerden der eigenen Persönlichkeit ein, es verliert seinen Himmel und gewinnt die Erde.

Das echte Spiel ist ein Gesundbrunnen, in den die Seele des Kindes immer wieder eintauchen muß, wenn nicht das Kostbarste an ihr verlorengehen soll. Doch mit dieser Forderung allein ist es nicht getan. Zum Aufbau und zur Durchführung eines lebensnahen Spielgeschehens bedarf es einer gesicherten Erkenntnis vom Wesen des Kindes einerseits und vom sittlichen Wert des Spielens für die entsprechende Altersstufe andererseits. Die Metamorphosen der kindlichen Entwicklung verlangen einmal dieses und einmal jenes. Wir dürfen das Kind und seine Erlebnissphäre nicht aus den Augen verlieren. *Das Spiel an sich ist wertlos, wenn es nicht zur richtigen Zeit und aus der entsprechenden Seelenverfassung heraus betrieben wird.*

Der für das Bewegungsspiel in Frage kommende Zeitraum ist im weiteren Sinne der Lebensabschnitt bis zum 21. Jahr, im engeren Sinne das zweite Jahrsiebent. Nehmen wir von diesem die Mitte, also das 10.–11. Lebensjahr, dann haben wir die stärkste Bewegungsintensität. Wirklichkeit und Phantasie, Frische und Unmittelbarkeit, Bewegungsdrang und Lebensfreude vermischen sich in diesem Alter zu einer Aktualität, die nie wieder erreicht wird. Von diesem Höhepunkt klingt das Spiel nach beiden Seiten ab. Zwischen sieben und vierzehn ist es unmittelbarste Gegenwart und wird von rhythmischen Prozessen getragen, entscheidend ist das Gefühl. Vor dem siebenten Jahr wirkt die organisierende, leibaufbauende Kraft des Gedanklichen. Es sind die Kräfte des Vorgeburtlichen noch am Werk. Sie tragen den Stempel der Vergangenheit. Nach dem 14. Jahr ist der Wille die entscheidende Antriebskraft. Das Spielgeschehen hat etwas Unerlöstes, denn Wille neigt zum Chaos. Hier bietet sich dem jungen Menschen die Möglichkeit, chaotische Kräfte durch das Spiel in einer neuen und persönlichen Art zu ordnen und zu formen. In dieser Tätigkeit liegt etwas Zukünftiges. Das Spiel des Kindes bis zum siebenten Lebensjahr wird nicht ichhaft durchlebt, es ist wie ein Menschheitstraum, in dem sich eine Ursymbolik ausspricht. Sonne, Wind und Regen spielen mit, die Blätter am Baum sind Gefährten, die Tiere sind Brüder, Sterne sind Wohnungen, alles lebt miteinander, füreinander und durcheinander. Ein Sonderdasein gibt es nicht. Das Kind lebt nicht sein Leben, sondern fügt sich ein in ein größeres, umfassenderes Geschehen.

Anders wird es im zweiten Jahrsiebent. Zwischen sieben und vierzehn Jahren vollzieht sich ein Prozeß von ungeheurer Dramatik. In dieser Zeit lernt das Kind, das vorher von sich noch wenig wußte, sich als Individuum, als Persönlichkeit, als Sonderfall zu empfinden. Es reißt sich los vom großen Zyklus und begründet einen eigenen kleinen. Dieser Vorgang ist mit vierzehn Jahren zu Ende. Aber es ist kein glatter und reibungsloser Prozeß, sondern ein spannungsgeladenes Geschehen, das viele Gegensätze und widerstrebende Formelemente in sich enthält.

Vom Standpunkt der Bewegungsspiele aus gesehen müssen zunächst einmal zwei solcher Formelemente in den Vordergrund gestellt werden: Vom 7. bis 10. Jahr der Abschlag, vom 10. bis 14. Jahr der Abwurf. Beide, Abschlag und Abwurf, helfen dem jungen Menschen, sich zu individualisieren. Bis zum zehnten Jahr etwa hat das Kind noch kein rechtes Verhältnis zum gezielten Wurf. Doch mit dem Erwachen des eigentlich Gedanklichen beginnt ein Analysierungsprozeß, der im gezielten Wurf sein Bewegungsäquivalent findet.

Bis zum zehnten Jahr läuft das Kind vor etwas davon. Nach diesem Zeitpunkt will es zu etwas hin. Es läuft weg vor dem „Es", sagt es doch selbst: „Du bist es!" Damit meint es, daß der andere es fangen oder abschlagen soll. In vier deutlich voneinander zu unterscheidenden Phasen vollzieht sich der Ablösungsprozeß aus der großen Einheit, der mit dem siebenten Lebensjahr beginnt. In vier weiteren Phasen der Konsolidierungsprozeß, welcher zum Erlebnis des Sonderdaseins führt und mit 14 Jahren abgeschlossen ist. Es soll im folgenden versucht werden, die einzelnen Etappen dieses Weges kurz zu umreißen.

7. Lebensjahr.

Das Kind braucht zwar noch die Stütze der geformten Bewegung, also des reigenartigen Spieles, aber es spürt in sich schon die organisierende Kraft einer eigenen Dynamik, durch die es auf das Vormachen von seiten des Erwachsenen verzichten kann. Es braucht zwar die alte Form, möchte aber von sich aus auch etwas dazutun. Das Singspiel hat noch eine Bedeutung, bildet jedoch zu gleicher Zeit den Übergang zu etwas Neuem. Solche Spiele wie „Häschen in der Grube" und „Ei, ei, Herr Reiter" haben insofern einen neuen Einschlag, als es auf spezielle Tätigkeiten, zum Beispiel des Hüpfens, des Schlagens usw. schon ankommt.

8. Lebensjahr.

In diesem Alter spielt das Wort eine große Rolle und zwar in Form von Rede und Gegenrede. Es kommt zu einer Dualität wie Licht und Schatten. Zwei Prinzipien stehen einander gegenüber, der böse Wolf, der Fuchs, der Habicht auf der einen Seite, die Schafe, Gänse, Hühner, Küken auf der anderen. Dem Begehren steht die Unschuld gegenüber. Diese Polarität in ihrer unerbittlichen Konsequenz gehört zur Tragik der Tierheit. Das achtjährige Kind empfindet in seiner Seele etwas wie den Nachhall dieser Urproblematik. Es reicht noch hin zu jenen Tiefen, wo Mensch und Tier eine gemeinsame Sprache sprechen und keine genauen Unterschiede machen. Das Kind will im Spiele in diese Problematik eintauchen und sie in seiner Weise lösen. Es schafft damit Ordnung im eigenen Innern und erreicht, daß es seinen Menschen auf dieser Stufe realisiert. Was das Tier nicht fertig bekommt, denn Sanftmut und Wildheit sind im Tierreich zwei unversöhnliche Gegensätze, kann im Menschen zu einem Keimpunkt werden, der dasjenige veranlagt, was sich später zur Seelenstärke umbilden kann.

9. Lebensjahr.

Während dieser Zeit steht das Neckspiel im Vordergrund. Das Kind lebt jetzt im Max-und-Moritz-Alter. Was der Mensch tut und wie er es tut, wird von ihm scharf beobachtet. Der Spottvers ist am Platze. Das Kind guckt etwas hinter die Kulissen des Daseins und merkt, daß die Erwachsenen keine Götter sind, sondern mit allerlei Einseitigkeiten behaftet sein können. Der Schmied, der Schuster, der Bäcker und wer es auch sein mag, jeder ist durch die Art seines Tuns geprägt und damit ein besonderer Fall des Menschlichen. Das Kind aber empfindet ganz deutlich, daß hinter dem Tun des einzelnen doch der ganze Mensch, der ganze Kerl stehen muß. Kaiser, König, Edelmann, Bürger, Bauer, Bettler usw. sind nur Rollen, die man im Leben zu spielen hat, mit denen man sich aber im Grunde nicht vollständig identifizieren kann, denn die Persönlichkeit ist mehr. Aus einem inneren Sicherheitsgefühl empfindet sich das Kind dem einzelnen Typus gegenüber überlegen. Es reizt zum Beispiel den Müller so lange, bis dieser sich ärgert, das tut es aber nicht etwa aus Bosheit, sondern weil seiner instinktiven Natürlichkeit jede Einseitigkeit verhaßt ist. In gewisser Weise wird eine Art Freiheitsimpuls während dieser Zeit im Kinde veranlagt, denn es kehrt sein ursprüngliches Wesen um so mehr heraus, je stärker es mit der Einseitigkeit konfrontiert wird.

10. Lebensjahr.

In diesem Abschnitt beginnt die eigentliche Tummelzeit. Kinder, die sich jetzt nicht austoben dürfen, werden später Duckmäuser, Querulanten, Pharisäer oder Moralprediger. Sie werden kaum noch erfahren, was es heißt, aus dem Lebensüberschuß heraus zu handeln. Aber gerade jetzt bereitet sich etwas vor, was zu einem entscheidenden Umbruch führt. Die Impulsivität nimmt das Kalkül in sich auf, die Spontanität empfängt etwas von der Schattenseite des Gedanklichen. Solange der Gedanke noch mit den Lebenskräften verbunden war, war alles Leben und Bewegung am Kind. Jetzt aber erwacht in ihm die Lust zum eigenen Denken, zum eigenen Vorstellen. Aus dem vorher einteiligen Wesen ist ein zweiteiliges geworden, der Intellekt ist erwacht, und damit betritt das Kind das Reich der Egoität mit all seinen seelischen Attributen, wie List, Verschlagenheit, Habsucht, Trägheit, Grausamkeit usw.

Ein Spiel, das dieser Tatsache in einzigartiger Weise Rechnung trägt, ist Urbär oder Bärenhäuter. Die letztere Bezeichnung ist besser, denn in jedem Menschen steckt, seelisch betrachtet, etwas Unerlöstes, etwas Bärenhaftes, das aber eines Tages die alte Haut abwerfen will, damit der Prinz darunter zum Vorschein kommt. Diese Problematik bleibt im allgemeinen tief im Unterbewußten, aber darin liegt wohl die Weisheit im Spiel, daß solche Untergründe sichtbar gemacht werden können. Die menschliche Seele beginnt, im zehnten Lebensjahr an die Triebnatur des Leibes gekettet zu werden und steht daher solchen Bildgestalten wie Urbär, Siebenschläfer, Wassermann, Greifenklau usw. sehr nahe. Die Auseinandersetzung mit ihnen im Spiel ist ganz einfach eine Begegnung des Kindes mit einem Teil des eigenen Wesens. Hat der Erzieher das einmal erkannt, dann wird er ganz gewiß nicht sagen: Laufspiel ist Laufspiel, der Name tut nichts zur Sache, Hauptsache ist, daß das Kind sich bewegt. So ist es nicht, der Name spielt schon eine Rolle, denn er bezieht sich auf etwas Geistig-Reales, etwas, was dem Kinde wohlvertraut ist und was daher allein die rechte Spielatmosphäre erzeugen kann.

11. Lebensjahr.

Jetzt muß zum Abschlag der Abwurf kommen. Ein typisches Spiel nach dieser Richtung hin ist Jägerball. Man sollte diese Bezeichnungen nicht allzu realistisch nehmen. Der Jäger repräsentiert im Grunde genommen das intellektuelle Prinzip als solches. Jeder Gedanke bezieht sich auf ein Stück Weltinhalt, er zielt also gleichsam auf ein spezielles, daher wird die Einheit zerstört. Wir nennen eine solche Tätigkeit auch eine analytische. Analytisches Denken muß mit elf Jahren begonnen werden, und der Schüler findet eine vollmenschliche Einstellung dazu, wenn er das Zielen und Treffen in dieser Weise übt. Der Hase repräsentiert demgegenüber ein Stadium, das überwunden werden muß.

Aber auch das reine Abschlagspiel nimmt während dieser Zeit einen neuen Charakter an. Man läuft nicht mehr einfach weg, sondern versucht, es mit dem Gegner aufzunehmen. Man kann sich oder andere erlösen. Dieser Gedanke ist vor dem fünften Schuljahr noch kaum aktuell, denn er setzt Persönlichkeitswerte voraus, die erst erworben werden müssen. Die Bindung der Seele an körperliche Vorgänge erzeugt im Kinde erst jetzt das Bedürfnis, den Begriff des Erlösens in die Aktualität des räumlichen Geschehens umzusetzen, weil vorher kein Grund dafür vorlag.

12. Lebensjahr.

Die Spielformen dieses Alters stehen ganz unter Zeichen der Geschicklichkeit, geschicktes Fangen und Werfen, geschicktes Zuspielen, geschicktes Laufen und Abschlagen. Das zwölfjährige Kind will sich mit den Dingen des Raumes auseinandersetzen, es will mit ihnen fertig werden. Zwei typische Beispiele dafür sind Barlauf und Völkerball. Der erste ist ein Abschlagspiel, das zweite ist ganz auf den Abwurf hin orientiert. Barlauf als reines Laufspiel wirkt in gesunder und anregender Weise auf die Lebenskraft. Die Vielfalt der Spiel-situationen, das Flüssige des Bewegungsablaufes und die Tatsache, daß man sich von der Basis aus immer wieder neues Leben, d. h. Schlagrecht holen kann, wirken äußerst anregend auf den Spieler zurück. Völkerball wirkt da-gegen mehr auf die Empfindung, auf das Emotionelle. Die Kinder betreiben dieses Spiel als eine Art Kampf ums Dasein, sie kämpfen wirklich bis zum letzten und nehmen leidenschaftlich Anteil an jeder Phase des Spielgeschehens. Das reine Können, welches das Kind bei Spielen dieser oder ähnlicher Art ent-wickelt, fördert das Selbstvertrauen und bildet in nicht zu unterschätzender Weise an der jungen Persönlichkeit, die ein Bewußtsein ihres eigenen Wertes erhält, wenn sie feststellt, daß sie mit ihren Gliedern etwas anzufangen weiß. Es gibt nichts Schlimmeres für das Kind als das stillschweigende Eingeständ-nis: du bist dir selbst ein Fremdes, du kannst im Grunde nichts mit dir an-fangen, dein Leib wird dir zur Last.

13. Lebensjahr.

Dieses Alter sollte im Zeichen des Laufes stehen, gemeint ist aber nicht das Laufen schlechthin, sondern der Lauf, den man zum Beispiel beim Schlagball macht. Man läuft zu einem Mal und kehrt wieder zurück. Schlagball, Brenn-ball, Baseball, aber auch Kricket gehören zu dieser Kategorie. Schlägt man den Ball mit einem Schlagholz in die Höhe oder Weite, dann kann man sein Ziel ungehindert erreichen und kommt erst gar nicht in die Gefahr, abgeworfen zu werden.
Wir sind von der Voraussetzung ausgegangen, daß der Ball etwas zu tun hat mit dem Gedanklichen. Was bedeutet es nun, wenn man den Ball mit einem

Schlagholz in die Höhe schlägt und damit dem Zugriff der abwerfenden Partei entzieht? Wir dürfen in diesem Kunststück eine Entsprechung für dasjenige sehen, was man sonst als natürliche Begeisterung bezeichnet. Der 13jährige Mensch will eine Sache mit Schwung und Begeisterung anpacken. Man kommt eigentlich gar nicht anders an ihn heran, als daß zur gedankengetragenen Empfindung ein gehöriger Schuß Wille dazukommt. Hier liegt der Keimpunkt für den späteren Enthusiasmus. Der mit dem Stock geschlagene Ball ist durchaus zu vergleichen mit dem Gedanken, der zum sittlichen Impuls wird, der als solcher ja auch ohne Stoßkraft nicht denkbar ist, und es entspricht einer sehr exakten Spiellogik, daß man seinen Lauf um so ungehinderter machen kann, je besser man vorher den Ball geschlagen hat. Denn was bedeutet der Lauf im Grunde genommen? Wir haben es hier mit dem Lebenslauf zu tun, der in urtümlicher Weise vor der Seele des 13jährigen erscheint. Die Kindheit ist zu Ende, und man macht sich Gedanken über das Leben.

14. Lebensjahr.

Mit dem Beginn der Pubertät sollte das Spiel bei Knaben eine Art Kampfcharakter annehmen, bei Mädchen eine lebendige Ordnung atmen. Der Ball wird nunmehr in die Begehrens- bzw. Lebenssphäre gerückt. Das Ego bemächtigt sich seiner, und es ist daher kein Zufall, daß unsere Jugend einen fast unwiderstehlichen Drang zu Spielen wie Fußball, Handball, Hockey, Eishockey usw. entwickelt.

Man kann und darf diese Tendenz nicht einfach unterdrücken, denn unbewußt im Hintergrunde schwingen bedeutende Impulse mit. Der Kampf um den Ball bedeutet für unsere Zeit dasselbe wie der Kampf mit dem Gegner im verflossenen Kulturzeitalter. So wie die griechischen Knaben den Ringkampf betrieben, so betreibt unsere Jugend den Kampf mit dem Ball. Galt es damals die Kräfte des Ego zu entwickeln, so gilt es heute, sich für etwas Höheres einzusetzen. Dieser Einsatz sollte mit 14 Jahren ein totaler sein. Es sollte ein maximaler Kräfteeinsatz möglich gemacht werden. Ein gesundes Raufballspiel ist daher besser als das Fußballspiel, denn dieses führt zu einer einseitigen Schwerpunktsverlagerung nach unten. Nicht der Fußtritt sollte zum Kampfprinzip erhoben werden, sondern der Zugriff, sich etwas erkämpfen, etwas festhalten, etwas durchtragen und nicht vom Gegner abjagen zu lassen, entspricht der inneren Verfassung des Knaben in diesem Alter. Es ist daher das von der amerikanischen Jugend so eifrig betriebene Raufballspiel (Football bzw. Rugby), wenn es mit der notwendigen Fairneß betrieben wird, ein ausgezeichnetes Bildungsmittel. Verdorben wird ein solches Spiel allerdings in dem Augenblick, wo an die Stelle der natürlichen Rauflust das System gesetzt wird und einzelne Spielzüge geübt und gedrillt werden. So einfach wie möglich, muß hier die Devise sein, wenige Regeln, das übrige muß sich aus dem Spielgeschehen selbst entwickeln. In einfachster, ursprünglichster Form sollten die überschüssigen Kräfte erfaßt und ausgelebt werden. Der dafür in Frage kommende Lebensabschnitt ist aber sehr bemessen. Er liegt etwa zwischen dem 14. und 16. Jahr, dann hat das eigentliche Kampfspiel seine Mission erfüllt. Es hat das primitive Selbstbewußtsein gestärkt und zugleich abgeschliffen.

Das in Deutschland besonders gepflegte Handballspiel ist wenig geeignet, förderliche Entwicklungsimpulse auszulösen. Nach seiner ganzen Spielanlage muß es sich zu einem reinen Kombinationsspiel entwickeln, das bei wachsender technischer Perfektion mehr und mehr die Züge einer robotermäßigen Schematik annimmt. So wie das Fußballspiel immer die Tendenz hat, in eine willenshafte, blindwütige Primitivität auszuarten, zeigt das Handballspiel die Tendenz, ein Kombinationsspiel zu werden.

Spiele mit einer gewissen Mitte sind dagegen solche, die über die Schnur und über das Netz gespielt werden, also Ball über die Schnur, Federball, Ringtennis, Prellball, Springball, Volleyball, Faustball und Tennis. Alle diese Spiele gehen zurück auf die einfachste Form des Zuspielens im Fangen und Werfen, wobei dem Ball eine vermittelnde Rolle zufällt. Er stellt den lebendigen Kontakt zwischen zwei Parteien oder zwei Spielern her, und zwar als Objekt des Gebens und Nehmens. So wie Ein- und Ausatmen den gesunden Lebensduktus bestimmen, hat diese Spielform eine zugleich ausgleichende und anregende Wirkung. Sie ist daher vorzüglich für Mädchen vom 13. Lebensjahr an geeignet, hat aber auch für Knaben im angedeuteten Sinne eine Bedeutung. Faustball zum Beispiel, wenn genügend Kraft und Übersicht vorhanden ist, Ringtennis, wenn es um die Geschicklichkeit geht. Die schwierigste und zugleich schönste Spielform dieser Reihe ist zweifellos Tennis. Bei diesem Spiel kann sich die Individualität voll auswirken, ohne im rhythmischen System geschädigt zu werden. Die Kräfte des mittleren Menschen werden angesprochen, und wer sie mitbringt oder ausbildet, wird auf den Erfolg nicht lange zu warten brauchen.

Mitte und Menschlichkeit sind heute in Gefahr, denn manche Spielform drängt den Ausübenden geradezu in die Einseitigkeit. Eltern und Erzieher sollten daher wachsam sein und Ausschau halten nach Spielen, die das Wesen Mensch nicht korrumpieren, sondern zur Entfaltung seiner besten Kräfte gelangen lassen.

Register

Götterschicksal - Menschenwerden

Aus der Edda nacherzählt von DAN LINDHOLM
Mit Illustrationen nach Steinschnitten von Walther Roggenkamp
124 Seiten, Pappband.

„... eignet sich für junge Sagenleser wie für Erwachsene, räumt behutsam den Menschen des 20. Jahrhunderts die Steine beiseite, ohne dabei zu vereinfachen, und erhält vor allem den poetischen und mythischen Glanz der ursprünglichen Dichtungen. Eine Herrlichkeit für sich sind die Illustrationen nach Steinschnitten von Walther Roggenkamp."

Bücherschiff

Wie die Sterne entstanden

Von DAN LINDHOLM · Norwegische Natursagen, Fabeln und Legenden.
Mit Holzschnitten von Gösta Munsterhjelm, 56 Seiten, Pappband.

„Das Buch wendet sich an einen Leserkreis, der Neigung und Verständnis für zart empfundene, feinsinnige Geschichten hat. Lindholm erzählt, wie der Schnee seine Farbe bekam, warum der Wolf schlecht und der Bär gut überwintert; warum die Flunder ein schiefes Maul hat; er erzählt vom Jesuskind und der Jungfrau Maria, von Heiligen, Tieren, Pflanzen und auch vom Menschen."

Buchanzeiger für öffentl. Büchereien

Von griechischen Göttern und Helden

Neu erzählt von HANS RUDOLF NIEDERHÄUSER
192 Seiten, Pappband.

Inhalt: Was der Sänger Hesiod den Menschen kündete / Deukalion und Pyrrha / Prometheus / Apollon / Dionysos / Demeter und Persephoneia / Demeter in Eleusis / Orpheus / Tantalus / Perseus / Jason / Alkaios-Herakles / Daidalos und Ikaros / Ödipus.

Fremde Länder – Fremde Völker

Von HANS RUDOLF NIEDERHÄUSER
Eine Einführung in die Völkerkunde in Bildern, Mythen und Erzählungen
285 Seiten, Leinen.

„Das Buch gehört in jede Schülerbücherei, wenn man es nicht gar seiner sprachlichen Meisterschaft wegen als erdkundliches Lesebuch verwenden will. Einfühlig Tempo und Stimmung der Darstellung wechselnd, interpretiert der Verfasser die Symphonie der Landschaften und Völkerindividuen und läßt nach seiner eigenen einführenden Schilderung jeweils die Stimme der Völker selber zu Worte kommen."

Hamburger Lehrerzeitung

VERLAG FREIES GEISTESLEBEN STUTTGART